每天一堂
生活经济课

梁小民◎著

北京联合出版公司
Beijing United Publishing Co.,Ltd.

目 录
CONTENTS

第四课　经世济民改变生活

第一课
经济学是一种生活态度

幸福的基础是财富

· · · · · · · · ·

讨论幸福的文章与著作越来越多，总的趋势是倾向于否认财富和幸福之间的关系。有的甚至得出财富越多，越不幸福的结论。

有位经济学家提出，财富在人生整个幸福中所占的比例只有不到2%。我不明白这个数字是如何算出来的。谁都知道，幸福是人的一种心理感觉。同样的事情给不同的人带来的幸福感觉并不一样，如何用一个具体的数字来表示？没有客观的幸福指数，又如何得出财富带来的幸福为2%？如果这个结论是可靠的，我们还创造财富做什么？

国外一家研究机构研究 69 个国家的"国民幸福指数"得出的结论是：尼日利亚、委内瑞拉、墨西哥、坦桑尼亚这些落后国家的幸福指数远远高于德国、法国、瑞典和美国。国内研究者的结论是：农村人的幸福感远远高于城市人。我不知道这些结论是如何得出的，但无论其调查如何认真，资料如何丰富，逻辑推理如何缜密，正常人都会看出，结论是荒谬的。如果真是财富越少越幸福，墨西哥人为什么要偷渡到美国，农村人为什么要进城工作？

幸福是一种自我感觉，不仅取决于个人的财富和生活水平，更重要的还取决于与周围其他人的比较。穷国和农村的人与周围更穷的人比较会感到自己幸福，富国和城市的人与周围更富的人比较会感到自己不幸福。但不能把穷国与富国、农村与城市人的幸福进行比较，因为他们比较的对象不同。各国可以比较 GDP，但不能比较幸福。由这种荒唐的比较中得出穷国的人比富国的人幸福，幸福与财富无关，显然是错误的。

强调幸福不仅来自财富，还有其他因素，是正确的，但如果再往前走一步，认为财富与幸福无关，那就错误了。无论有多少因素影响幸福，财富仍然是第一位的，起决定作用的。对那些已经有了大量财富的人，财富也许不重要了，但对普通人而言，财富增加会带来实实在在的幸福。对那些富国而言，增加财富也许会带来不利于幸福的问题，但对穷国而言，增加财富是使人民幸福的人间正道。

对于任何一个国家，财富或者 GDP 都是整个社会幸福程度提高的基础。有了更多的 GDP，人民才有更好的生活条件，更多的物质与文化享受，更好的教育与医疗。财富的增加会引起环境污染等问题，不利于幸福，但也只有财富增加了才有能力治理环境，实现青山绿水。你比较一下穷国与富国的环境，哪个更好？财富的增加会引起收入差距扩大，但富国穷人的生活条件也比穷国富人强。而且，有了财富才能讲分配，连财富都没有，讲收入平等又有什么意义？唯 GDP 是片面的，但不讲 GDP 是绝对错误的。无论什么时候，发展经济增加财富，都是一国的中心。

对于任何一个人，收入或财富都是个人幸福的基础。美国政治学家罗伯特·莱思认为，当人的基本需求得到满足后，财富增加会使幸福递减，并称这种现象为"幸福陷阱"。这位学者"基本需求"的概念是含混的。住是基本需求，但应该是一家人住在一个小房子呢，还是住一所别墅？住在小房子中也满足了基本需求，但财富增加换一个别墅当然会更幸福，哪里有财富增加，幸福递减的道理呢？人们财富增加了可以享受到更好的物质与文化生活，幸福当然是增加的。如果人满足了基本需求后就不再创造财富，这个人会幸福吗？应该记住，创造财富的过程也是幸福的重要来源。只要会使用，钱再多也不会不幸福。比尔·盖茨把自己的财富用于慈善事业，他是幸福的。如果没钱，能从帮助别人中获得幸福吗？

对财富的蔑视实际上是一种穷国或穷人的心态。自己没有财富，就认为有财富的国家或人不幸福。这就是我们常说的"酸葡萄"心态。增加财富是社会进步的动力。如果一个国家或一个人怕财富增加带来幸福递减，这个国家或这个人能进步吗？那些貌似清高，把财富与幸福分开的经济学家忘记了自己的职责：为社会财富增加出谋划策。

幸福不仅来自 GDP

· · · · · · · · · · · ·

美国人曾普遍关注经济增长，迷信 GDP。美国参议员罗伯特·肯尼迪在竞选总统时批评了这种风气。他说，GDP 衡量一切，但并不包括使我们的生活有意义这种东西。也许他的话极端了一点，GDP 毕竟是我们幸福的基础。但他的话中有真理，因为 GDP 不是幸福的唯一来源，GDP 并不等于经济福利。

从物质意义上说，幸福来自我们经济活动中所创造的一切产品与劳务。但按现行的统计方法，GDP 中有许多遗漏。GDP 衡量的是通过市场交易并有价格的东西。但经济中许多活动属于非市场活动，不统计在GDP之内。比如自己在家料理家务也是一种能给我们带来幸福的经济活动，但它不通过市场交易，不在 GDP 之内。市场交换越不发达，这部分活动的比例越大。

GDP 中还不包括地下经济。地下经济有一些是非法的（如贩毒），还有一些是为了逃避税收或其他管制的隐蔽经济活动，如市场上无许可证的生产者或无营业许可证也不纳税的流动摊贩。据经济学家估计，即使在美国这样法制比较健全的国家，地下经济也要占到 GDP 的 5% ～ 15%。而在意大利这样的国家，地下经济可能占 GDP 的 30% 以上。尽管不同经济学家估算的地下经济大小范围不同，但都承认这种未计入 GDP 的经济活动在各国都相当大。如果把GDP 用来判断经济周期的阶段，因为 GDP 与未统计的经济活动之间有一个较为固定的比例，这种失误并不大；但如果把GDP用来判断和比较不同国家的生活水平，因为各国的遗漏不同，这种失误关系就大了。

GDP在统计时是根据生产出来的最终产品，但并不是这些产品都与我们的幸福相关。例如，军火生产是GDP中重要的一部分，但许多军火产品与我们的幸福无关。相反，多生产了军火，使用了本来能生产消费品的资源，还会减少我们的幸福。两个GDP相同的国家，一个实行国民经济军事化，另一个奉行和平中立。前一个国家的GDP中军火占了相当大的比例，后一个国家军火生产很少。这两个国家人民幸福的程度肯定不同。法西斯德国和日本的GDP也曾经相当高，但人民有幸福吗？

GDP按市场价格计算，但市场价格与产品质量和数量并没有直接关系。人们的幸福程度与产品的质量和数量相关，而与价格关系不大。例如，电脑质量在提高，数量在增加，但价格急剧下降。按价格计算也许电脑的产值没有增加多少，但质量与数量的提高给人们带来的幸福是巨大的。现代社会中，许多产品的趋势是质量提高的同时价格下降。仅仅按价格计算无法反映这种趋势。

环境和闲暇是影响人们经济福利和幸福程度的两大因素，但GDP统计中无法正确反映这些因素。经济活动会带来环境污染，如果以环境污染为代价发展生产，GDP无疑增加了。但人们呼吸污浊的空气，喝受污染的水，生活在嘈杂的环境中，这能有幸福吗？经济活动带来污染，治理污染又增加了GDP。但这种情况下，人们的福利又增加了多少呢？闲暇是人幸福的来源，减少闲暇会增加GDP，但人们没有或减少了闲暇，经济福利虽然会减少，我们用闲暇去从事各种精神或没有产值的活动，例如听音乐、运动、与朋友聊天，都不会引起GDP增加，反而要减少GDP。但这种GDP的减少却是幸福的重要来源。

人们的幸福程度、经济福利的大小还取决于一个社会的收入分配状况。无论是GDP也好，人均GDP也好，反映不出收入分配的状况。我们考察一个社会的幸福状况，不是看一部分人甚至少数人是否幸福，而是看所有的人是否幸福。衡量经济福利也不是少数人的经济福利，而是整个社会的经济福利。一个社会如果收入悬殊过大，少数人花天酒地，多数人难以为生，即使这个社会 GDP 高，人均 GDP 高，也不能说是一个幸福的社会。美国经济学家克鲁格曼认为，社会经济福利取决于生产率、失业率与收入分配平等程度。GDP 可以反映出生产率与失业率，但完全反映不出收入分配状况。其实收入分配差别太大、社会不安定，即使高收入的少数人也谈不上"幸福"二字。

正因为 GDP 不能反映出社会经济福利，美国经济学家托宾和诺德蒙斯提出了经济福利衡量指标，萨缪尔森提出了纯经济福利的概念，企图对 GDP 进行校正。他们的基本观点是，经济活动的最终目的是幸福或经济福利，福利更多地取决于消费而不是生产。GDP 是生产的衡量，而经济福利衡量指标和纯经济福利是要衡量对福利有贡献的消费。因此，这两个指标要在 GDP 之上减去某些不能对福利作贡献的项目，加上某些对福利有贡献而未计入 GDP 的项目。具体来说，减去 GDP 中没有对福利作贡献的项目（如超过国防需要的军备生产），减去对福利有副作用的项目（如污染、都市化的影响），加上不通过市场的经济活动的价值（如家务劳动、自给性产品），加上闲暇的价值（用所放弃的生产活动的价值作为机会成本来计算）。这种思路无疑是正确的，但如何进行计算并没有完全解决。

当然，话说回来，GDP 并不是不重要。它毕竟是幸福与经济福利的基础。这里又用上了一句俗话：GDP 不是万能的，但没有 GDP 是万万不能的。

信息不对称未必不是福

经济学家经常为信息不对称担忧。这绝非杞人忧天。政府与公众信息不对称使权力失去监督，滋生腐败；企业委托人与代理人信息不对称引起了机会主义行为；劳动市场上信息不对称使雇主和求职者双受其害；保险市场上保险公司和投保人信息不对称带来了道德风险和逆向选择；人与人之间的信息不对称是诚信丧失的根源之一；等等。所以，信息不对称问题及其解决之道成为经济学的热门话题，对此做过开创性贡献的经济学家还获得了诺贝尔经济学奖。

然而，这世界是不完美的，无论我们如何努力，信息不对称依然是一种客观存在。信息不对称说得通俗一点就是当事人双方并不完全了解，每一方的信息都分为双方皆知或容易得到的公开信息，以及只有各方自己知道、对方只有花高代价才能获得，或者根本无法获得的私人信息。当双方只知道对方的公开信息，不完全知道私人信息时，就称为信息不对称。信息不对称引起信息多的一方欺骗另一方的可能性。这引起了道德风险，并产生对双方都不利的逆向选择。以上的种种现象都是信息不对称的不良后果。

经济学家设计了各种机制来解决信息不对称问题，这些机制可以减少信息不对称的不良后果，使市场经济正常运行，但并不能完全消除信息不对称：一来在许多情况下，获得对方私人信息代价太高，不值得。二来各方私人信息是动态的，总在变，难以预测。

不过，信息不对称也不见得完全是坏事。如果政府的什么信息公众全知道，连国防机密也成公开信息，岂不妨害国家安全？如果夫妻双方信息完全对称，各自连一点隐私都没有，生活能幸福吗？糊里糊涂的爱，我想就是双方信息不对称情况下的爱，真的清醒了，什么都明白了，爱就没了。这正是许多婚姻成为爱情坟墓的原因。结婚了，双方神秘的私人信息公开了，爱就不存在了。其实你仔细想想，许多情况都是信息太对称，这世界也就变得无趣了。在信息化的今天，还是给各方留点私人空间好。在奥威尔写的《1984》中，每个人都没有一点隐私，在"老大哥"的监督下生活、思考，让人好害怕啊！现实世界是不完美的、残缺的，信息不对称也是正常的。这种不完美也正是一种美，这种信息不对称未必不是福。幸福是一种个人的感觉，知道得太多，反而没有幸福感。

我们没有必要去追求完美，也没有必要在任何情况下都要实现信息完全对称。当然，我们并不是说，信息不对称好得不得了。在许多情况下，我们还要努力获得对方更多信息。例如，政府的行为要尽可能公开化；在劳动市场上找工作还要了解企业的情况；委托人寻找代理人要进行多方面考察；买辆二手车还要请专家鉴定一下；婚姻也不能一见钟情，三天就结婚；等等，只要我们收集对方信息所花费的成本（包括直接成本和为此而放弃的时间、精力的机会成本）小于所获得的利益（包括可以用货币衡量的物质利益和其他利益），减少信息不对称就是理性的，或者用经济学的术语说，寻找更多信息增加的成本（边际成本）小于由此增加的利益（边际利益），寻找更多信息就是理性的。否则就是非理性的。

我们说的不必去追求完全对称的信息就是以成本和利益的比较为标准的。你花费精力去破译国家机密信息库，利益只是满足好奇心，而代价是犯罪入狱。你雇私人侦探去寻找丈夫（或妻子）的隐私，结果破坏了一个好婚姻。如此岂非愚蠢至极？

　　人们经常说经济学追求最优化，其实那仅仅是一个理想。理想的东西是在现实世界之上的，把经济学的目标确定为最优化是一种天大的误解，经济学只追求次优化和较完美。这正是不要总想达到信息完全对称的原因。懂得了经济学的这种真谛，你才能真正幸福。

美丽是个综合指标

· · · · · · · · · ·

美国一项最新调查表明，人生际遇和长相密切相关，俊男靓女比普通人更有机会获得高收入，这个结论是美国联邦政府发行的"地区经济学家"中的一项研究报告得出的。该报告发现，长相漂亮不仅收入高，升迁的机会也大。据调查，长相丑的人待遇比一般人低 9%，长相漂亮的人待遇比一般人高 5%。此外，身材也会影响收入。胖女人比一般人的收入平均低17%；身材高者，每高一寸，收入平均增加 2% ～ 6%。

其实这个结论经济学家早就知道。美国经济学家、曾任总统经济顾问委员会主任的曼昆在《经济学原理》中有一个"案例研究"就是"漂亮的收益"。他根据劳动经济学家丹尼尔·哈莫米斯和杰夫·比德尔的研究得出长相不同引起收入差别的结论，并给出了三种不同的解释。香港经济学家林行止把这种现象称为"漂亮贴水"。

看来长相的确是引起收入差别的原因之一（尽管并不是重要的原因）。我们应该如何解释这种现象，如何应对这个现实？

工资或收入是劳动的价格。在市场经济中，任何一种物品或生产要素的价格都取决于供求关系，因此，我们也必须从这个角度来解释漂亮带来高收入的原因。漂亮的需求来自企业，这种需求的大小决定了漂亮的收入有多少，而需求大小又取决于漂亮给企业带来的效益。简言之，漂亮能得到多少收入取决于它给雇主企业带来的效益。应该说，漂亮的确能给企业带来高效益。有些高效益的行业，如演艺界、电视主持、模特，只有漂亮的人才能从事。脸蛋和身材在这些行业的成功是至关重要的。在其他行业中，漂亮对成功也相当重要，例如，服务员漂亮的饭店来的客人更多，漂亮的老师更受学生欢迎，病人对漂亮医护人员的服务更满意，漂亮的记者更容易得到更多新闻，连领导开记者招待会，漂亮记者提问的机会也更多。在社会上漂亮是一张成功的通行证。爱美之心人皆有之，人们也就愿意为漂亮付费，这种付费就成为企业的效益。企业对漂亮的需求是大的。且漂亮的人毕竟是少数，供小于求，漂亮的价格高，俊男靓女收入高就正常了。

换个角度看，人的收入高低取决于他在经济中的贡献大小。贡献的大小取决于能力、努力程度和机遇。能力包括先天能力和后天能力，先天能力（即天生的能力）包括智力和长相。长相好是先天能力强的一个方面，当然会有高收入。而且，漂亮还影响人的机遇。漂亮的人让人喜爱，机遇就更多。这就是调查报告中所说的，提升的机会多。由此看来，漂亮有高收益不能算是社会歧视，是理性人经济行为的正常结果。

这样说来，长相普通的人也许会抱怨父母没有给一个好脸蛋和好身材，自暴自弃。其实这大可不必，因为决定一个人成功与否的绝不仅仅是长相。你看看成功的企业家、科学家以及政治家，有几个是俊男靓女？长相对成为名演员、名模也许更重要，但沈殿霞、潘长江、赵本山的成功并没靠长相。至于进入福布斯排行榜的富人，漂亮者并不多，即使长得很帅，也不是成功的原因。

在各种关于漂亮与收入的调查中没有讲清楚的一点是，衡量漂亮的标准是什么。当然，有一些判断漂亮的常识，如身高、三围、脸蛋，等等，但更为重要的是，漂亮往往是主观的，每个人的判断标准并不完全相同。也许对梦露这样的美女，绝大多数人是认同的，但对茱莉亚·罗伯茨，看法就不同了。"大嘴美人"这个称号可以解释为"美得有特色",也可以解释为"嘴大哪有美"。但这并不妨碍她成为片酬最高的女演员之一。

在各种调查中,漂亮其实是个综合指标,包括外在的美(身材、三围、脸蛋),也包括内在的美(气质与修养)。而且,内在的美往往比外在的美更重要。一个外在美的姑娘可能会由于缺乏文化修养,举止言语不得体,而不让人喜爱,这时她很难成为得到高收入的美人。相反,一个外在普通的姑娘也会由于内在文化修养高、举止行为得体大方而被称为美人。如今选美已从过去单纯评外形改变为内外兼顾,甚至更重视修养与气质。

现在漂亮收入高的道理越来越为人们接受,这就是"整容热"的经济基础。整容是个人的自由选择,别人无权干预。但千万别进入一个误区:整容是人成功的起点。美是天生的,不是人造的,整容可以局部改变容貌,但难以根本改变。无论如何增高,一个一米六的人也长不到一米七。整容不能把无盐女、嫫母(历史上有名的丑女)变为西施、玉坏(历史上有名的美女)。但是,一个长相普通,甚至有点丑的人,可以通过提高内在修养来改变自己的整体形象。更为重要的是,外在的美会很快消失,但内在的美与年龄俱进。

让自己更漂亮是人的天性,也是增加收入、提高生活质量的重要方法。外在的美是父母给的,但内在的美是后天努力的结果。记住这一点,人人都会更漂亮。

经济学助人幸福一生

· · · · · · · · · ·

一些朋友在事业成功、财富增长的同时，身体却每况愈下。并没有什么器官性病变，只是感到浑身疲乏，对什么也提不起精神。医生称为"亚健康"状态。再高明的医生，除了告诉你注意休息、多运动之外，也没有什么良方。其实能治疗"亚健康"的，不是医学，而是经济学。

"亚健康"的直接原因是工作压力大或工作紧张，引起这种状态的根源在于对财富的认识。经济学以最大化为原则，似乎人就是追求无限财富的经济动物。这种对经济学的误解是"亚健康"真正的罪魁祸首。经济学讲的最大的不是无限，而是在资源既定条件下的效用最大化。任何人的资源都是有限的，因此，不可能追求无限财富。所追求的财富只能是适度的。这点道理谁都会明白，但什么时候达到"适度"，却不是每个人都能判断出来的。那些拼命工作、搏击商场的人都不以无限财富为目的，只不过总认为还没有达到"适度"而已。

什么算"适度"？这就涉及经济学中另一个比"最大化"还重要的概念——均衡。就财富的追求而言，一方面是财富，另一方面是为财富而付出的代价。这两者均衡时，"适度"就实现了。我们知道，财富给我们带来的边际效用，即增加的财富给我们增加的满足或享受是递减的。为获得财富而付出的边际努力，即为增加财富所增加的努力程度是递增的。在这两者相等时，就实现了均衡，对财富的追求达到了"适度"。当然，什么时候财富的边际效用与边际努力相等，对不同的人而言并不一样，在相当大程度上取决于个人的条件和感觉，但每个人都存在这样一个均衡点。

"亚健康"的根源正在于没有找到均衡。当为财富而付出的边际努力大于财富带来的边际效用时，你会对财富失去兴趣，而感到工作的疲劳，这时"亚健康"就出现了。因此，从经济学的角度看，治疗"亚健康"的第一个药方是走出财富这座"围城"。作为"围城"，财富与婚姻还有所不同。按照钱钟书先生的说法，婚姻这座"围城"是外面的人想进来，里面的人又想出去。但财富这座围城有时是外面的人想进来，里面的人不想出去。对财富的迷恋，只想到得，而忘却了失，只想向财富围城的中心走去，不想退出，正是"亚健康"的病因。只要下决心向财富围城的外面走去，懂得退出，生活乐趣又会回来，"亚健康"的"亚"字就会逐渐消失。

还有些"亚健康"患者是想走出财富这座围城的，但却苦于找不到走出的途径。一些成功的企业家，财富已经相当可观，也不想无休止地追求下去，但他们或者由于竞争所迫，或者出于对员工的责任，或者由于其他原因，无法从事业中退出。在这种情况下，即使不为了财富，知道走出财富围城的重要性，也仍然身不由己，只有沿着财富这条路走下去。难道这些人一旦绑在企业这辆战车上，就只有"亚健康"下去吗？

经济学也为这些人开出了药方。这些人事业可以照样做下去，甚至越做越好，但并不必以"亚健康"为代价。这就是要建立一种有效的公司治理结构，有钱大家赚，有事大家做。

由于种种原因而处于"亚健康"状态的人，关键问题是企业的大小事情都要亲力亲为，不放心让别人做。每天24小时都恨不得全用在工作上，这能不"亚健康"吗？当企业起步或处于初期发展阶段时，希望成功的人当然要付出异乎寻常的努力。但当企业做到一定程度后，一定要知道放弃，自己集中抓大事，把更多具体工作交给职业经理人去做。企业做大与企业家付出的努力并不一定同比例增加。有多少大企业的领导者把更多时间用于打高尔夫球、读书、品茶，或者热衷于社会公益事业？他们在做好事业的同时，又以不同的方式享受人生。这样的成功人士当然不会处于"亚健康"状态。

能不能放手让别人与自己一起做，取决于自己。如果总不相信别人，担心别人做效果不如自己，"放"就是一句空话。其实换个思路，你能力强，做一个项目可以赚100万元，如果别人做只能赚60万元。但你自己只能做一个项目，与别人一起可以做两个项目，赚120万元，有什么不合适的呢？

当然，与别人一起做，不能仅靠合作者之间的信任或友情，而是要靠一套制度。说的玄一点就是建立一套有效的公司治理机制。这包括与合作者之间的权责利界定，也包括如何实现有钱大家赚，或者说如何与合作者分享收益。建立这套公司治理机制并不难，成功的例子多得很。从一个人做一个企业，到一些人在制度规范之下共同做一个企业，是一种质的飞跃。只有这样，你才能在不放弃事业的情况下，始终处于健康状态，精神饱满地迎接每一个朝阳。

我总觉得，"亚健康"不是一种生理上的病，而是一种心理上的病。这种病的根源在于没有真正理解经济学的思想。经济学不是教人如何赚钱，而是教人如何幸福地度过一生。

能力强才能上名校

每年一度的高考"黑六月",为了上一个好大学,学生累、家长忙,甚至不惜上招生骗子的当。在所有的人看来,上好大学就等于有辉煌的前途,丰厚的收入,如花似锦的人生。毕业于名牌大学必定有高收入吗?

美国经济学家也非常关心这个问题。普林斯顿大学的经济学教授阿兰·克鲁格与梅隆基金会的斯泰西·戴尔就这一问题进行了调查。他们调查不同大学 1976 年入学的学生在 1995 年的收入。结果是,进入耶鲁、斯瓦茨莫尔这类名牌大学的毕业生年均收入为 9.2 万美元。进入丹尼逊、杜伦这类一般大学的毕业生年均收入为 2.2 万美元。收入差距在 4 倍以上,不可谓不大。好大学与成功之间的强烈正相关关系似乎是理所当然的。国外的许多精英都出自名牌大学,中国的两院院士中绝大部分也出自名牌大学。在人们都认为名牌大学是精英摇篮时,学生为上北大、清华而一年一年地复读,家长为孩子上名牌大学从胎教起步,就不难理解了。

难道名牌大学真有化庸才为精英的能力,无论什么人只要能从这里出来就有大事业、高收入吗?在克鲁格等人的研究中是把入学的难易程度作为大学好坏的标准的。只有能力强的人才能进入这类大学。换言之,不是名牌大学使这些学生能力变强,而是这些人本来能力就强。他们即使不上名牌大学也是成功者。克鲁格等人研究了同样能力的学生上不同学校的结果。他们发现，能力强的学生无论选择录取严格的名牌大学，还是录取宽松的一般大学，毕业10年后收入差别并不大。这就是说，高收入不是取决于是否上名牌大学，而是取决于个人能力。耶鲁等名校毕业生收入高，不是因为他们上了名校，而是因为他们的能力本来就高。不是上名校能力才强，而是能力强才能上名校。名校择优而取，这些学生本来素质就高，出的精英当然也多。

任何一种考试，包括封建社会的科举考试以及现在的高考，都是测试人的能力的。按考试成绩录取，能力强者自然进入了名校。不过考试能否真正测试出人的能力，还在于考试的内容与方式。美国的高校招生考试不仅包括统考成绩（SAT），而且还包括其他内容，如参与社会活动、科技发明、创新能力，等等。这样就可以把更具成功能力的学生录取进来。我们的高考"一张试卷定终身"，不少内容是死记硬背的，并不能全面反映人的能力，这才有高分低能之说。中学教育受高考指挥棒引导，以应试教育为中心，往往培养出了考试能手，而不是高能力者。这样的人进入名牌大学，综合素质不高，难怪不得不去卖肉或卖糖葫芦。

人的一生能否成就一番大事业，说得俗点是能否有高收入，取决于他对社会的贡献。市场经济是按贡献分配的。贡献的大小取决于能力、努力程度和机遇。人的能力有先天的和后天的。先天的来自遗传，这是在人出生前就决定了，无法改变。我们都知道，爱因斯坦说过，"人的成功是百分之一的天才加百分之九十九的勤奋"。不过引用这句话的人往往有意无意地忽略了后面的一句话，"成功的关键还是那百分之一的天才"。应该承认，人的先天才能对人的成功是至关重要的。人的先天才能在相当大程度上决定了他能否上名校，绝不是上了名校才有这种先天的才能。

名校对人的影响在于后天才能的形成。应该承认，名校有悠久的历史文化传统、更好的设备和名师，以及学习气氛，对人的成才是有作用的。但这些条件仅仅是外因，要通过自身的内因才能起作用。上了名校的人能否成功还取决于自己的内因：先天的能力、努力程度，等等。许多名校毕业生终生一事无成，正在于缺乏这些内因，外因也起不到什么作用。名校绝不是人成才和有高收入的保险柜。

其实一个人只要有能力、肯努力，无论是否上名校，都可以成才。按通常的标准，是否名校毕业，关键看凭考试而进入的本科院校。按这个标准看，许多极有才华的成功者，并非名校毕业生。

我写这篇文章是有感而发的。许多学生和家长有一种名校崇拜风，甚至以北大、清华为"唯二"的目标。尽管高考成绩相当好，甚至可以进一本院校，也由于进不了北大、清华而去复读。这样的学生与家长就是进了名校崇拜的误区。其实许多学生无论在哪个大学，只要自己努力，同样会有骄人的成绩，高收入只是副产品。非要上北大、清华这样的名校，一年又一年地复读，弄得学生心理都变态了。即使最后实现了名校梦，又会有多少成就？想进名校是正常的，如果非上名校不可就变态了。

向往名校不等于盲目推崇名校。把上名校等同于以后的高收入，更是一种天真的想法。把天真的想法变为行动，不惜一切上名校，甚至上当受骗高考移民，就会成为悲剧。人生在于一生的奋斗，而不是在一次考试中上了名校。

致富不能只靠勤劳
· · · · · · · · · ·

中国传统文化认为勤劳和节俭是财富的来源。勤劳和节俭的确可以维持一个人的小康生活，甚至使之成为一个小地主或小商人。但仅仅靠这两件"常规武器"绝对成不了晋商或徽商这样富可敌国的巨商大贾。对整个国家呢？就连没有来过中国的亚当·斯密也大为称赞中国人的勤劳和节俭，但同时也为中国的经济长期停滞而哀其不幸。勤劳和节俭从来没使我们的国家富裕过，也没有使经济起飞过。

把勤劳和节俭作为一种美德大体上并不错，一个懒惰的人当然让人看不起，一个民风懒散的国家也谈不上崛起。而且，无论一个人或一个国家多富有，也应该倡导节约。但扩大了勤劳与节俭的作用，那就使得真理跨过一步变为谬误了。

把勤劳和节俭与财富联系在一起是传统社会的现实。在传统社会中，人们创造财富的基本手段是劳动，资本和知识所起的作用几乎微不足道。那时农业是最主要的行业，自然资源是丰富的，只要投入劳动，就可以有产出，有财富。一切创造财富的工作都要靠劳动来完成。这就有了"劳动创造财富"之说。在传统社会结束后，这种观念作为一种滞后的意识形态仍然存在。这就有了亚当·斯密这类古典经济学家"劳动是价值唯一来源"的劳动价值论。尽管他们看到了知识与技术含量不同的简单劳动和复杂劳动的区别，但否认了资本在创造价值中的作用（资本的价值仅仅是转移到产品中）。

在传统社会中，人靠劳动而创造财富的能力是有限的，一个人或一个社会的财富也是有限的。要靠本来就不多的财富来养活那么多人，倡导节俭当然就有现实意义。这就形成了"省一分钱就是赚一分钱"的观念，误以为省钱也是在创造财富。地球上的资源有限，我们应该追求节约型社会。但节俭只是在减少我们对资源的消耗，并不是在创造财富。

从传统社会进入现代社会，人们创造财富的方式改变了。先是资本在财富的创造中起了重要作用。现代社会开始于工业化，开始于各种机器设备的发明与运用。这就需要资本。这个时代被称为"资本的时代"。机器当然需要人来使用，但机器却是无法替代的。在工业化中，资本比劳动更重要。这时仅仅靠辛勤劳动，只能维持温饱而已，致富谈不上。发明机器的人当然也致富了，但并不是传统意义上体力支出的劳动，而是脑力劳动。这种劳动中包含了知识和技术。仅仅靠传统的勤劳是无法发明机器，也无法致富的。节俭是资本的来源，但这时的节俭不是传统意义上的窖藏，而是用于投资。节省下来的钱去造机器、买机器。仅仅是省钱，并不能创造财富。

从现代社会进入后现代社会，人们创造财富的方式又改变了。知识和技术在财富的创造中起了越来越重要的作用。人们不必"汗滴禾下土"地辛勤劳作，只要坐在舒适的办公室里按按电钮就可以创造财富。一个有知识、有技术，会用知识创造财富的人远远不如田间工作的人勤劳，但前者远远比后者富有。没有知识，再勤劳也不会富到哪里。这知识包括技术，也包括一切能增加财富的知识，比如对市场的悟性或艺术这类社会所需要的才能。这时社会创造出了大量财富，不必像过去那样"舍不得吃，舍不得穿"地节俭了。人们完全可以享受过去帝王也闻所未闻的生活。如果一味节俭，消费不足，还会使社会财富减少呢！

人们的观念暂时落后于现实并不奇怪，但如果总这样落后，那就会阻碍社会进步。社会的进步首先是观念的改变。起初是少数先知先觉者观念改变，他们先富起来；少数国家观念改变，他们先崛起。然后是大多数人和国家向这些先知先觉者学习，改变观念。那些不肯改变的人和国家，就只好穷下去了。整日在田间劳作，勤劳得很，但无助于改变贫穷的状态。一分钱掰成两半儿花，节俭得很，但并不能增加财富。

这些道理并不深，但不少人一遇到现实问题就困惑了。记得有一本小说中说，环卫工人每天从早到晚，辛辛苦苦，但为什么收入很低，无法致富？从而认为社会对这些人不公平。那些勤劳的工人、农民富不起来的确是一种现实，拿这事指责社会不公平也颇具煽动性。但它用以判断的标准却是传统的勤劳致富的观念。

在现代社会中，决定每个人收入和财富的不是劳动者如何辛苦，而是他对社会做出了多少贡献。环卫工人的劳动，没有什么知识或技术含量，劳动再辛苦，也创造不出多少财富，收入低十分正常。以贡献而不是劳动来决定收入才是社会公正。我们并不否认环卫工人工作的重要性，但重要性并不决定收入，也不否认他们勤劳，但勤劳与收入也没有多大关系。

我们同情关心环卫工人这样的低收入者，并不是根据他们勤劳的程度来给收入，而是要通过提高他们的知识和技术水平，来提高他们创造财富的能力。我们说"知识改变命运"正是这个意思。

对一个国家来说，我们不能仅靠增加劳动来崛起，而更要依靠技术进步，这就是增长方式的转变。在一个知识创造财富的时代，还把勤劳和节俭作为财富之源，就注定是要贫穷下去的。

为什么非当行业老大

    数年前在广州，有位学生想约我谈谈她的企业的事。我感到有点奇怪。她经营一家规模不大不小的企业已有多年，为冰箱厂做配套的磁条，管理有序，生产正常。她的小日子安逸而舒适，企业能有什么问题呢？

    我们坐在她家别墅的客厅中，她老公是公务员，去上班了，女儿在玩电脑。她递过一杯茶，开门见山地问："我想把企业做大，该怎么做呢？"我吃了一惊："你现在的企业不是好好的吗？要做大干什么？"她不好意思地说："前几天听了一位台湾管理大师的讲座，他说要做就做行业老大，只有做大才能做强，不做大就是等死。听了他的讲座，我有危机感，也很受鼓舞。这几天觉也睡不好，想向你请教。"

    我知道这位管理大师是谁了。他自称"台湾的德鲁克"，口才极好，演讲极有煽动性，听过他课的人无不激动。不过，他的一些观点我不敢苟同。谁说做企业必当行业老大？照此说来，每个行业不都只有一个企业了吗？看来我必须给这个学生泼点冷水。

    "大不一定强，强也不等于大。强或弱是企业的生存状态，而不是规模大小，一个大企业市场占有份额高，竞争力强，当然是强，但如果大而内部管理混乱，资金紧张，市场上竞争力差，这样的'大草包'能说强吗？相反，一

23

个小企业如果有自己的特色，不以数量而以特色形成自己的竞争力，你能说它不强吗？英国伦敦有一家名为'Lobb'的鞋店，以给名人专门定做鞋为业，前店后厂，经营一百多年而不衰，你说它强不强？有些企业是在做大过程中做强的。但人们只看到成功者而忽视了不计其数的牺牲者。其实还有更多企业是在做大的过程中灭亡的。你知道河北的马胜利吧？他经营一家小造纸厂时成功了，但当他把这个厂在短期内扩张为一个大集团时却失败了。"

我停顿了一下，她就"以我之矛，攻我之盾"。

"你在讲课时强调了规模经济和范围经济，认为现在的民营企业中缺少通用、微软那样的大企业，怎么现在又讲起小而强了？"

"你还记得我说过多次的那句'做企业有规律而无模式'吗？企业宜大还是宜小是要看具体条件的。企业应不应该做大取决于三个条件。第一是所处的行业，在重化工业、制造业这些资本密集的行业中，规模经济极为重要。企业必须做大，要做行业老大的话，在这时是正确的。但并非每个行业都要做大。像你这个配件厂，规模该有多大，取决于冰箱厂的需要，很难做大。第二是资金限制。即使应该做大，但如果资金有限，筹资能力又有限，也无法做大。民企筹资仍然要受到限制，这决定了短期内民企要做大也不易。第三还要考虑个人管理能力。一个人能管好小企业，不一定能管好大企业。大企业需要一套完善的制度。从管小企业到管大企业是一个飞跃。许多人是跃不过这一步的。"

"你是不是说我的能力不行？"她问这话还不像生气。说真的，我觉得她是一个文静、踏实，也算勤奋的女子，但绝不属于女强人。不过作为老师，我总不能说她才干平庸。"能力行不行要在实践中证明，我不能说你没有做好大企业的能力。但有能力不一定非要用。你做企业的目的是全家生活幸福。现在这一点已经实现了。如果一心想把企业做成行业老大，你要付出多少辛苦？像你这样的配件行业，成功了又会有多大？可是要失败了，你还能这样悠闲地与我聊天吗？野心，或者说雄心，可以使人成功，也能使人失败。你看你们同学中，不也有在做企业过程中倒下去的吗？人要追求事业成功是因为这是幸福的基础。但如果事业给你带来的是痛苦，即使成就了再伟大的事业，又有什么用呢？"

看来我的话打动她了，她在沉思。突然她又问："我还不甘心这种平庸的日子，还想做点事，不把企业做大，我能做什么呢？"她的企业我去看过，运行正常，但绝非无可作为。

"其实每个企业都要有危机感，无论现在的状况如何。像你一样给冰箱厂供应磁条的绝不止你一家。你们这些供给商之间仍然是存在竞争的。冰箱厂为了降低成本总要选用物美价廉的零部件。你们之间的合约并不是无限期的，一旦你的价格比别人高或者质量不如别人，就会被淘汰。把现有的企业搞好，努力去降低成本或提高质量，比总想做大要现实得多。而且，在你这样做的过程中也许还可以把别人淘汰，自己做大。有所作为首先是做好自己的企业，而好又是无止境的，还怕没事做吗？你还可以在原有基础上开拓新产品，比如做冰箱上用的磁贴图。这种东西现在颇流行，市场前景大。别以为小东西不值得做，记住'小产品大市场'这句话。踏踏实实从自己现有的企业做起，也许再过几年你就成了大老板，我再来广东想与你这样聊聊都难了呢！"

"当了大老板也要请老师吃饭。"从她的表情看，我的话还是比"台湾德鲁克"的话更适合她的企业。于是，我与她们一家，又约了些同学，去吃大餐了。

我想把这次谈话告诉所有企业小而又急切想做大的企业家朋友。

不为沉没成本后悔
· · · · · · · · ·

　　随着年龄的增长，我对经济学的感悟也在悄然发生变化。在开始学习时，我把经济学作为一门选择的科学，更多关注的是理论本身及分析方法，或者说关注的是形而上的技术层面上的东西。不知在什么时候，我突然悟出，经济学其实是一种人生观。它那种技术分析、理论和概念的背后包含着更有意义的人生态度。这时我开始思考经济学形而上的精神含义了。

　　这样说起来有点太抽象了。我想用经济学中的沉没成本（Sunk Cost）这个概念来说明这一点。沉没成本指过去已经发生又无法收回或改作他用的成本，在短期中企业已经支出的固定成本就是沉没成本。例如，一个大饭店投资一个亿，使用寿命为50年，每年的折旧为200万元；再假设每年的应支利息、维修等费用需20万元，这220万元就是经营这家饭店的固定成本。固定成本又称不变成本，是指不随产量变动而变动的成本。在饭店的例子中，即使没有一个客人，营业额为零，这220万元也要支出。如果有客人，增加的是服务员工资、水电消耗之类的可变成本，固定成本并不增加。这种固定成本是过去支出的，是现在无法改变的历史（有时也被称为历史成本）。如果饭店没有客人，饭店又不能改作他用，这种成本就无法收回，故而称为沉没成本。像条船沉没了一样，是无可奈何的。

从技术层面上说，这个概念对企业的短期决策十分有意义。短期中，市场价格在变动，企业要决定在哪一个价格水平时停止营业。短期中，产品的平均成本包括平均固定成本与平均可变成本两部分。固定成本属于支出，无法收回又无法改变的沉没成本。因此，经济学分析的结论是，只要价格等于或高于平均可变成本，企业就可以继续营业。或者用经济学术语来说，价格等于平均可变成本是企业中短期停止营业点。换言之，企业在作短期经营决策时完全不用考虑沉没成本——既然已经沉没，就与决策没有什么关系了。沉没成本还有助于企业的其他决策，例如，如果进行割颈式的价格战，下限就是平均可变成本，不用考虑沉没成本。从这种实用的角度看，沉没成本是一个极为有用的概念，在分析企业决策时，经常用到这一概念。过去，我关注的正是这个概念在经济分析与决策中的含义。

但沉没成本的意义仅仅如此吗？在现实中人们经常为过去所做的错事而悔恨，即通常所说的"后悔"。过去所做的事已经是历史，无论对错都无法更改。这与沉没成本是一样的。企业在作决策时考虑沉没成本是非理性的。同样，人在考虑问题时总后悔也是非理性的。从这种意义上说，沉没成本也就是一种向前看的人生态度。向前看是一种健康的人生态度。以这种态度去指导人生才会有幸福。

经济学把幸福作为人的一种感觉，完全取决于一个人的人生态度。快乐是自己寻找的，痛苦也是自己寻找的。对同一件事，既可以自己找乐，也可以自寻烦恼。如果能够抛弃过去向前看，他总是快乐的。如果对过去耿耿于怀，总寻找世界上没有的"后悔药"，他没法不痛苦。例如，一个人办一个工厂，每年可以赚 10 万元。如果他总想当初不办工厂而是投资于股市，每年可赚 15 万元，为当初的决策悔恨不已，这 10 万元岂不只能给他带来痛苦吗？

经济学家大多是长寿的、健康的。这与他们的心态相关。已故北大教授陈岱孙先生健康地活了 97 岁，其长寿之道就是平和、豁达，总相信有更好的未来。他与我们这些年轻一代谈过去，谈历史，都是一种平静的叙述，而没有怨恨的怒气。

美国最重要的经济学家之一阿尔文·费雪也是这样一位大师，他的人生颇为坎坷，1898 年感染了当时称为不治之症的肺结核。1919 年，他的女儿由于精神崩溃去世。1929 年开始的纽约股市崩溃中，他的损失达 800 万～1000 万美元。但他把这一切都作为无法改变的沉没成本，仍然乐观地生活，活了 80 岁，发表论著两千余种，合著四百多种。在 1929 年股市失败的沉重打击之后，他发表了《利息理论》（1930 年）、《繁荣与萧条》（1932 年）、《大萧条的债务通货紧缩理论》（1933 年）等重要著作。如果他总为过去悔恨，能有如此辉煌的人生吗？

这些大师们真正学到了经济学的精髓。他们从经济学中领悟到了人生哲理，学到了乐观的人生态度，这才达到了经济学的顶峰。如果我们都以这种态度去学习，理解经济学，经济学就真正成了一门让人幸福的学问。

这就是沉没成本中深刻的人生态度。

外面的女人很精彩

美国经济学家加里·贝克尔把经济学原理运用于传统上属于社会学的婚姻、歧视、犯罪等问题，并为此而获得了诺贝尔经济学奖。他也被称为"经济学帝国主义"的始作俑者。在他的这些分析中，我认为最精彩的是他在《家庭论》中对婚姻问题的分析。

不同的学者对婚姻的分析角度不同。在生物学家看来，婚姻是一种繁衍后代的本能行为；在文学家看来，婚姻是两个人心灵的碰撞与情感结合；在政治学家看来，婚姻服从于统治与维护权力的需要；在社会学家看来，婚姻是门当户对的；在经济学家看来，婚姻是一种经济行为，目标在于双方的效用最大化。有关婚姻与家庭的许多决策事实上都服从于成本—收益分析。贝克尔正是按这个思路分析了结婚、生育、离婚、家庭内的分工、威望和其他非物质行为。他把离婚归结为婚姻市场上信息不对称，由离婚的成本与收益决定。

我并不认为婚姻市场上的信息不对称是离婚的主要原因。传统"父母之命，媒妁之言"的包办婚姻，结婚当时完全无信息，美满的不也不少吗？离婚还在于结婚后双方获得的效用的变化。在恋爱中，双方的效用是递增的，结婚时效用达到最大，蜜月过去之后效用就开始递减了。往往并不是婚后发现了对方的某些真实信息，而是双方从对方获得的效用在递减，有时递减得还相当快。离婚中还是男方主动者多，因此，我从男方的角度分析离婚的原因，从女方的角度分析如何保护婚姻。

结婚之前双方毕竟不是天天见，每一次约会都有新鲜感，效用不会递减。结婚后天天生活在一起，效用递减自然是正常的。这种效用递减来自两方面。一方面是双方在一起过平淡无奇的日子，日复一日没有什么改变，从婚姻中获得的效用在递减，这就是人们常说的"过得没意思"。另一方面，更重要的是对方的品质下降了。一些女性在结婚，尤其是有了孩子之后，从外形到内在都忽视了"保鲜"，穿着不讲究了，对丈夫远不如谈恋爱时那样温柔，小鸟依人了，满足于小日子，工作学习中不思进取了，甚至对丈夫指手画脚，唠唠叨叨，缺乏理解了。这就使得妻子给丈夫带来的效用下降到相当低的程度，甚至成为负效用。这就是许多丈夫常说的"结婚后她简直换了一个人"。我把结婚后丈夫从妻子那里获得的效用递减称为男人离婚的"内在推力"。

但是，如果丈夫没什么能力，除了上班回家没什么社会活动，这种"内在动力"还不至于引起离婚，因为对他们来说，妻子的效用再递减也比没有妻子效用为零强。如果丈夫经常外出就会发现，外面的女人很精彩，与她们在一起效用太大了。他们能接触到的外面的女人大多年轻、漂亮，谈话又得体，无论真实个性如何，都可以表现出一副小鸟依人的模样。这时的信息不对称使男人把他们遇到的外面的女人想象成理想中的情人。效用取决于主观感觉，在男人对外面的女人理想化的感觉下，从对方获得的效用就更大了，远远大于从妻子那里得到的效用。我把这种"外面的女人很精彩"称为男人离婚的"外在拉力"。男人从外面的女人那里得到的效用越大于从妻子那里得到的效用，这种拉力就越大。

当然，有推力和拉力并不一定必然离婚。正如贝克尔所说的，男人在作离婚决定时肯定有有意或无意的成本—收益分析。这种成本包括经济的与非经济的。聪明的男人知道，当情人变为妻子后效用递减肯定也会发生，甚至更快，为此而离婚不值得。这才有"家里红旗不能倒"之说。在任何一个社会里，男方离婚的成本都相当高，包括金钱损失、事业受影响、社会舆论及名声、对子女的影响，等等。考虑到这样巨大的成本，外面的女人再精彩，里面的男人也无奈。在美国这样成熟的社会中，中产阶级的离婚率还是相当低的，因为他们离婚的成本高于其他人。

成功的男人难免要经常在社会上活动，见到外面精彩女人的机会也多得很。因此，他们的妻子要保护婚姻是正常的。但用不同方法保护，效果却完全不同。

"外面的女人真精彩"这个事实是无法改变的，千万别责怪人家是"狐狸精"，关键在于你要比外面的女人更精彩，比狐狸精更狐狸精。当然，在青春、外貌这些自然属性方面，肯定无法与外面的女人相比，但一个人的魅力并不在外表，而在内在气质。你不能改变外在的东西（或者称为包装），但可以改变内在的东西、提高自己的修养，善待丈夫，改变一些女人通常都有的"抠门儿"、唠叨等缺点，努力做到"老鸟也能依人"，或者说对自己进行"产品创新"。只要给丈夫带来的效用大于或等于外面的女人，家庭就稳定了。最要不得的是无中生有地指责或监督丈夫（像《中国式离婚》中宋大夫的妻子那样），这是一种核能一样的推力，即使没有外在拉力，成本再高，也无法阻止离婚。

婚姻是个复杂的问题，绝非经济学的三招两式就能说得清的。但如果大家读了这篇文章后知道如何使家庭生活美满，我这种一得之见就有效用了。

如何判断女士的年龄
· · · · · · · · · · ·

　　写下这个题目让我不好意思，难道一个年近花甲的人，放着书不读，要去琢磨这种无聊的问题？且听我慢慢道来。

　　有一年去成都开会，我们那一组都是年龄相近的中老年男士，有共同的话题。与会议主题相关或不相关的事都聊得十分起劲，冷落了同组一位看似20余岁的女士。到青城山去玩时，她问我："你们聊天怎么不给我插嘴的机会？"我说："你是下一代青年团了，与我们没什么共同语言，大家冷落了你也很正常。"她说："我都40多了，女儿都共青团了，哪还有那个时光？"我吃惊地看着她那张娃娃脸，披肩发和苗条的身材，连说："不像，不像。"她告诉我："判断女士的年龄千万别看脸蛋和身材，要看手。"她伸出了自己的手，尽管不能说饱经沧桑，却也是青春已去。那的确不是一双妙龄少女的稚气未脱的手，是一双显示着衰落的干瘪的手。看了这双手，完全可判断出她的年龄来，误差不会超过±2岁。这种经验以后也没有过，但也听其他人说起用这个标准，看破了一些自称纯情少女的真实年龄。

　　一个女士可以用多种信号——容貌、头发、身材、性格、谈吐等——来有意无意地表示自己的年龄。容貌是可以化妆，甚至美容的，头发也可以染，身材不一定与年龄相关，性格、谈吐并不代表年龄。换言之，这些信号都可以作伪。在判断年龄上，只有手传递的信息才是真实的。这正是要把手作为判断女士年龄重要依据的原因。

当然，得出这种结论的意义并不在于揭那些伪装成纯情少女的人的真面貌。女士的年龄应该保密，知道了也别说出来，甚至要明知老而夸其年轻。根据手去判断女士年龄这个结论的意义，在于告诉我们，如何从大量信号中判别真假信息，做出正确判断。

现实世界中我们要根据信息做出决策，但信息量极大，真假信息难以识别。如何通过不同的信号来判断信息的真伪，尤其是在无数信息中，找出最关键的信息，是我们做出正确决策的基础。在信息经济学中，找出关键信息称为信号筛选。如果把判断女士的年龄作为一项经济活动（例如，为婚姻中介机构工作，防止假信息骗人），我们应该筛选出的信号，就是那双无法化妆或整容的手。这个信号是真实的，而且获得这个信号又是容易的（用经济学的语言说成本是低的）。

这种信号筛选方法帮我认清了一些问题的真相。记得看一些企业时，听汇报，营业额增加有多少，利润率有多少，讲得头头是道。看企业，处处工作有秩序，严肃而紧张。留下了极好的印象，回来也替他们说点好话。可是后来，有些原来看似不错的企业却垮了，或出了问题，这就在于我通过听汇报或正式参观得来的信息，或者说这类信号所传递的信息，是虚假的。正如凭一张整过容的脸去判断女士的年龄一样。

其实有一种判断一个企业状态的可靠而又容易得到的信号。这就是办公楼中普通卫生间的状况。我发现，如果一个企业管理有序而严格，其卫生间肯定干净、整洁，这样的企业整体状况必定是好的。因为连一个卫生间都管得如此好，整个企业能管得不好吗？如果一个企业卫生间无论装修多高级，但脏、乱、差，这个企业的管理中一定存在问题，其企业整体状况也无法令人满意。因为连一个卫生间都管不好，遑论其他？我把卫生间状况作为判断一个企业好坏的信号，基本屡试不爽。

为什么卫生间成为传递真实信息、判断一个企业好坏的真实信号呢？各种数字、工作状态等都可以作假，唯独普通卫生间极少有人注意。换言之，企业从不把一个普通卫生间作为自己的脸面，而且，CEO之类领导有自己专门卫生间，也很少过问这些事。但是，如果一个企业有严格的管理制度，有适用的激励及惩罚机制，每个人权责利明确，不用任何人过问，不用刻意修饰，其卫生间的正常状态就是干净、整洁。这样的企业当然运行状态是好的。相反，一个管理混乱，或者一切都要CEO说了算的企业，当然不会有人注意一个小小的卫生间，CEO又不去，脏乱一点是正常的。这样的企业缺乏一套严格的管理制度，人治代替法制，出问题当然难免。

当然，我找出的判断女士年龄和企业状况的信号也有局限。如果每个人都知道这一点，造假也并不难。这时就要再寻找其他信号了。

经济学家往往迷信数字，什么GDP增长率多少，利润率多少，等等。讲成绩时，谈到这些数字往往如数家珍，精确到小数点以后若干位。其实数字是最容易造假的。判断一个经济的真实信号，应该是街上那一张张的脸。如果你看到街上那一张张脸都充满了自信与乐观，不用说，这个经济肯定是繁荣的，有希望的。如果你看到街上的那一张张脸都充满了失望或麻木，不用看媒体上告诉你什么数字，这个经济恐怕是困难重重。数字可以骗人，但人们的脸色是难以骗人的。所以，人们的表情才是真实的信号。

这世界太复杂了，各种信号传递着大量真假信息。信息经济学正是要告诉我们，如何筛选出真实信号，以免上当。在房地产市场上别上开发商给的假信息的当——告诉你离市中心10分钟，其实指的是开一级方程式赛车，车速240公里以上。在婚介市场上，告诉你年轻漂亮其实是相对意义——相对于80岁老太太，60岁也是年轻，相对于残疾人，四肢齐全也可称漂亮。如果揭开这些假信号后的伪信息，找出反映真信息的信号，对每个人都是重要的。

回到开头的例子。当我一开始见到那位女士时，只觉得年轻而已，当她把以手判断年龄的方法告诉我，大方地让我们看她那双失去青春光辉的手时，则对她有了几份信任与尊敬。把真实信息告诉人家，发出反映真实信息的信号，这是每个人赢得尊重、取得成功的起点。

道德以人性为基础

　　儒家学说讲究"修身齐家治国平天下"，核心是为人处世的伦理道德，即"修身"。换言之，儒家思想的主体是道德说教。如果按儒家的道德标准去做，不敢说人人都是圣人，起码国人的道德修养相当高了。可惜儒教统治几千年，至今国人的道德仍不敢恭维。甚至连儒学大师的道德也在常人之下。儒学大师朱熹"虐待老母，不孝其老；与尼僧偕行，诱之为妾；儿女嫁娶，利在揽财；开门授徒，厚索束脩"。今之"大儒"郑家栋利用出国机会带六个女人外出，向每人收 20 万元。讲"思想品德"课的教授与考研女生色题交易。人们感叹这些道学家的两面派做法，故有"满嘴仁义道德，满肚子男盗女娼"之说。

　　为什么儒家的道德标准看起来崇高得很，却无法实现呢？关键在于它完全违背了人性，以神的标准要求人。儒家的创始人孔子还是讲人性的，有"食色性也"之说，到了朱熹，要求"存天理，灭人欲"，就连他老人家自己也做不到，不想去做了。历来的统治者、道学家都摆出一副坐怀不乱的模样，要别人不能这样，不能那样，自己却又这样，又那样，久而久之，这种道德就成了只说不做的伪道德。说教者知其伪，说和做成了两张皮；受教者听其言，观其行，亦知其伪，信都不信，这个社会就成了物欲横流的无道德世界了。任何一种伪道德都是这个结果。

这种伪道德的另一个特点是只对下而不对上。只要求老百姓按这套标准去行事为人，并不要求统治者和说教者接受同样的道德约束。这就有了多元道德标准。皇帝玩女人称为"游龙戏凤"，不仅风雅还亲民呢；名人玩女人称为"浪漫的爱情"，被玩者也成名人了；普通百姓玩女人就是"万恶淫为首"，道德败坏了。同一件事判断的道德标准不同，这个社会的道德风尚无法不败坏。

如果一个社会流行的是这种对下不对上的伪道德，并按这个道德标准去取人，这个社会就是伪君子当权了。在这种社会中要能升上去，就必须作假，装出一副正人君子的样子，好话不离口。也在公众面前做一点重义轻利的事，实际上是用"曲线救国"，来获取个人最大的私利。现实中开口国家、闭口民族，却借崇高的名义去发不义之财的人并不少见。"儒学"大师贩卖人口，"道德"教授为色泄密，只是众多伪君子中被抓到的个别例子而已。

一个人如果在这种伪道德环境中长大，从小被灌输了许多崇高道德观念，后来发现这些道德实际上做不到，或者教育他的人其实自己也没去做，这就会发生道德危机，最后索性自己也同流合污了。如果一代人都是这样，社会就是道德风尚败坏。今天把儒家作为历史上的一个学派来研究，无可非议，但如果还要按儒家那一套道德标准来要求今人，以儒家思想来纠正道德日下的状况，那就南辕北辙了。郑家栋东窗事发后，不少人强调他的个人行为与儒教无关，其实他不就是儒教熏陶出来的伪君子之一吗？靠这种伪道德如何能改变不良社会风尚呢？

市场经济不仅需要制约人们行为的硬约束——法律，而且要崇高的社会道德。一个没有良好道德的社会是无法建成市场经济的。但市场经济需要的不是那种否认人性，崇高得无法做到的道德标准，而是以人性为基础建立和谐社会的道德规范。

人具有两重性，既有兽性的一面，又有天使的一面。人性中既有利己，也有利他。利己是兽性，利他是天使，道德的基础就在于承认人利己的合理性，又引导人发扬利他的本性。从根本上说，市场机制是使人把利己和利他统一起来的制度。一个人不必"先天下之忧而忧"地考虑如何为社会奉献，只要从自己的利益出发做好自己的事，就会有利于社会。一个企业家不必先考虑如何有利于社会（利他），只要从自己的利润最大化出发，提供好的产品与劳务就可以了。在法制的社会中，制假贩假，为非作歹，最终损害的是自己的个人利益。

　　当然，我们并不是说，只要有了市场机制，社会道德风尚就好，我们还应该提倡树立良好的道德，还需要进行教育。但这种道德不是高到违背人性，如毫不利己专门利人，或者难到常人难以做到。不要以圣人的标准要求常人。道德规范应该是每一个人都可以做到的，如尊敬别人，讲社会公德等做人的起码准则。不能要求每个人都是圣人，只要求每个人都是有教养的公民。

　　实现一个道德的市场经济需要两条。一是成功的人士，政治家、企业家、文化精英要做道德榜样，这些人不可口是心非。二是从小培养做人的基本准则，而不是灌输那些貌似崇高的道德说教。实现这样的社会与是否提倡儒学没有什么关系。

财富与品德齐飞

改革开放来，小部分人的确富起来了。他们在自己致富的同时也推动了社会经济进步，带动了更多的人走向小康或脱贫。富人的这种功绩不可否认。但是，另一个引人注目的现象是，他们的品德与财富没有同时增长，他们对社会财富和社会文明的贡献不成比例。媒体上经常有为富不仁、鱼肉民工、横行乡里的报道，仇富心态与这些现象也不无关系。

对于那些尚未脱贫的人来说，迫切需要的还是物质上脱贫，但对那些已经富有的人来说，重要的还是精神上脱贫。从社会来看，只有同时实现两种脱贫才能成为和谐社会。在这两种脱贫中，富人都应该当先锋。

在任何一个社会中，财富与品德都不是同时增长的。"仓廪实而知礼节"，物质文明总是先于精神文明。甚至某一个社会发展阶段要以牺牲一定的精神文明来实现物质文明。资本主义原始积累时期，中世纪田园牧歌式的文明被打破。血腥和暴力推动了物质文明，不必谴责这一段历史，没有这个过程就不会有今天以人为本更高的文明世界。那个时代的英雄是有眼光、有胆识、有开拓奋斗精神，但也是厚颜无耻的人。那些有文化、有教养的人受各种传统观念的束缚，患得患失、安于现状，是成不了大事的。你去看看那第一代成功者的历史，哪一个是文质彬彬的？我们改革中涌现出来的第一代富人也大抵如此。他们在财富上成功的同时也获得了较高的社会地位，成了主流媒体吹捧的英雄，或有了人大代表、政协委员之类耀眼的光环。于是，他们飘飘然了，不知自己姓什么了，做了与自己身份不相称的事。在某种意义上应该说，他们这种种行为也是社会惯出来的。

有了钱不等于品德高尚，也不等于有文化。许多富人都希望子女接受更好的教育，成为既有钱又有文化的人，甚至成为贵族。但他们不明白的一点是，文化气质不是用钱堆出来的，花钱送孩子到贵族学校，到英国、加拿大，不一定能培养出贵族。孩子的气质很大程度来自家庭熏陶。父母缺乏文化修养，孩子生活在这样的环境中，从小耳濡目染不文明的事，很难养成文明习惯，长大又会如何？文化修养不要寄希望在下一代人身上，要从自己做起。也只有自己做好了，才能言传身教一代，才能形成文明的良性传统。

养成文明习惯比创业致富要容易得多。创业致富要取决于社会环境，要与别人竞争，付出无数心血，但养成文明习惯品德完全取决于自己，只要自己真正愿意就可以做到。美国19世纪的富翁，如洛克菲勒、摩根等人，都以不讲道德的竞争获得了成功。在那个时代，甚至也没有规则、品德可讲。但他们的财富并没有为他们带来社会声誉，而是受到谴责。在财富的顶峰上，他们幡然悔悟，意识到自己品德上的缺陷。认识到就可以做，他们把自己的财富捐给社会，从事各种善举，真正改邪归正，这时他们才真正受到社会尊敬，成为美国人心目中的英雄。也只有在这时，他们的事业才更上一层楼。品德的事，只要自己有决心就可以做到。

我们今天的富人，财富还远远没有达到洛克菲勒那样的程度，难以留下一个今天仍为人们津津乐道的洛克菲勒基金。在慈善榜上的名次也不代表品德的高低。如果是把一小部分非法获得的钱捐出去，那只能是欲盖弥彰，或是求得良心平衡。品德体观在人的一言一行中。比如是否关心自己的员工，尤其是那些最底层的民工。那种一边苛待员工，一边大把捐钱的企业家绝不是慈善家，也谈不上品德高尚。

一个富人最重要的品德还是心态平和，真正把自己作为一个与最穷的人没有什么差别的普通公民。千万别以为坐在奔驰、宝马车里就比别人高几等，可以不遵守交规，可以去撞没钱的人。一个暴发户总是以高傲的态度看别人，字里行间都透出一种"一览众山小"的金钱味。一个有品德的富人，你从表面绝对看不出来，他可能就是坐在角落里默默喝一杯清茶，轻声与别人交谈的老头儿。他总会觉得，这世界上比自己强的人太多太多，他会把大把的钱用于改善自己员工的工作、生活条件，或者资助贫困地区的教育。他不会用钱来炫耀自己的富有。他可以友好地与每一个人交流，谁都可以感受到他那颗坦诚的心。有了这种心态，人的一言一行都是文明的，透出了文化修养，这才是让人从心里敬仰的富人。

　　提高品德还要从文化开始，物质财富的创造不一定要有文化，但精神文明一定要有文化。没有上过学不是没文化的理由。如果把业余生活由麻将和卡拉OK变成读书，任何人都可以有文化。不要只读那些能立竿见影的管理类图书，要看与搞好企业没有直接关系的人类文明经典。成功的企业家读书可以提高自己的整体素质，也才能成为新一代的有文化的企业家。

　　初唐四杰之一王勃在《滕王阁序》中写出了"落霞与孤鹜齐飞，秋水共长天一色"这样的千古名句，我把这句话改为"财富与品德齐飞，物质与精神一体"，赠给各位成功人士。

圈子内的有限信任

· · · · · · · · ·

诚信的丧失正在摧毁我们尚不完善的市场经济。重建以诚信为中心的商业道德已成为当务之急。道德作为一种精神依赖于物质，诚信作为一种道德依赖于利益，因此，必须从诚信与利益的关系入手来探讨这个问题。换句话说，只有诚信给人们带来的利益大于不诚信给人们带来的损失时，人们才会讲诚信。仅仅从道德层次，讲什么以德治国，是意义不大的。

在一个完善的社会中，人们之所以重视诚信，社会建立了普遍的信任关系，就在于诚信会使人们的利益最大化，不讲诚信，甚至无法活下去。一个企业只有讲诚信，产品才有市场，才能从银行得到贷款，才会得到其他企业的合作。一个生产伪劣产品，欠账不还，谁都欺骗的企业是生存不下去的，更别说利润最大化了。这样，信誉就成了企业的生命线。同样，一个诚信的人会得到别人信任，才有个人能力发挥和事业成功。不讲诚信的人连生存都困难——有欠债不还、恶意透支之类不良记录之人，无人敢录用，也得不到信用卡，在现代社会中，如何生存下去？

诚信与利益之间的关系要由社会制度来保证，而不能靠道德说教来维系，产权制度是市场经济的基础，也是诚信的基本保证。产权的重要作用之一在于权责利的一致，保护产权就保证了个人可以获得自己努力的成果。这种努力包括讲诚信在内。在产权不明晰的情况下，个人努力与个人利益并没有必然的联系，诚信就可有可无了。在一些极端情况下，当只有背信弃义才有利益时，这个社会就是一个无诚信的社会。因此，经济学家强调诚信的基础是产权明晰。

从法律上说，产权是一种权利，法律正是要保护每个公民的合法权利，法律保护权利的有效手段之一是对违法者的惩罚。一个企业或一个人不讲诚信，会受到应有的惩罚。受惩罚是无诚信的代价。只有这种代价高到大于不诚信所获得的利益，人们才会讲诚信。英国市场经济初期曾经有债务人监狱，不讲诚信，欠债不还，是要进大牢的。在狄更斯这些批判现实主义作家的笔下，债务人监狱是苦不堪言，甚至惨无人道的。但没有这种严酷的法律，会有今天市场经济的普遍诚信吗？

一个社会，只有实现了产权明晰和法制才会有人人讲诚信的普遍信任。这种普遍信任的社会正是现实的市场经济。没有诚信，人与人之间不可能有交易，也谈不上商品经济和市场经济。但是，产权明晰与法制都是近代社会的事，为什么中国在不具备这些条件的封建社会中产生了相当发达的商品经济，而且还出现了晋商和徽商这样成功的商业群体呢？

晋商和徽商所处的社会的确没有现代意义上的产权制度与法律制度。但晋商和徽商的成功仍然与诚信的建立相关。

这种诚信关系与现代市场经济中的诚信有所不同。现代市场经济的诚信关系以制度为基础，是一种普遍的信任——这种信任不是存在于某些人或某些群体之间，而是存在于整个社会。所有人，无论是相识的，还是不相识的，都可以互相信任。这种信任被美国社会学家福山称为高度信任，是市场经济成功的基础。晋商与徽商所建立的诚信是一种有限信任——只存在于某些人或某些群体之中。这种诚信的基础不是制度，而是血缘或地域关系，这种诚信被福山称为低度信任。这种信任可以产生一定程度的商品经济，但这种商品经济难以发展成现代市场经济。

一些学者把存在于晋商和徽商中的诚信归咎于道德或文化，即儒家文化中所推崇的信义思想。我并不否认儒家文化在晋商和徽商成功中所起的重要作用，但我并不认同这种文化决定论。保证晋商与徽商诚信的仍然是利益关系，是诚信带来的物质利益起着关键作用，文化传统的作用只是次要的。

在晋商中，尤其在票号中，实行股东全权授权经营，即股东只出钱，把经营权完全交给职业经理人（称为"老帮"的总经理），自己从不干预，甚至连店里也不去。但晋商的历史中没有出现一起职业经理人贪污或卷款逃跑之事，这种诚信程度在现代社会也不多见。晋商的有限信任建立在人的地域关系上，用人的原则是"用乡不用亲"。在当时社会的环境下，可供选择的机会并不多，经商几乎是唯一的致富之路。在山西，要经商只有进入晋商的店铺或票号。晋商的股东对职业经理人提供了有效的激励——业绩决定收入的身股制。职业经理人讲诚信（忠于东家，即大股东），就能在票号就业，有高收入，诚信就成为利益的来源。另一方面，东家用老乡，一个人的家族亲属都在同一地方，一个人不诚信会损害整个族人的利益，必然受到惩罚。同时，晋商还有些严格的管理制度，防止不诚信的事发生。例如，职业经理人到分号当老板不许带家属——这相当于把分号职业经理人的家属作为人质扣留在当地。讲诚信有利，不讲诚信受害，在有限的地域范围内是可以实现的，这就使晋商以诚信为本。各个晋商之间的竞争又使整个晋商作为一个整体实现"以义制利"。徽商的情况大体相似。不过信任关系不是以地域为基础，而是以血缘为基础，即以家族为纽带的信任关系。

一个社会普遍信任的建立与完善是一个相当漫长的过程。任何一个社会总是由有限信任发展为普遍信任的。在没有发展为普遍信任的情况下，有限信任就是重要的。应该说，我国离普遍信任关系的建立还有相当距离。因此，人们就相当重视有限信任。不过现代社会中的有限信任还不能仅靠地域与亲缘关系。在老乡与血亲观念淡化的社会中，还有其他建立有限信任的途径。民间所说的值得信任的人要"一起同过窗，下过乡，扛过枪"，正表明在有共同经历的人中间建立有限信任，要比其他人容易得多。人们在同窗学习、下乡受苦和扛枪当兵中建立的友谊和信任关系，比其他情况下要可靠。这是因为一来他们相知与相交的时间长，相互了解，二来他们在相交时并没有利益关系，只是情趣相投。这样交往而来的朋友中，可信任程度高。在商场或官场认识的朋友就没有那么可靠。

在一起攻读的同学属于"同过窗"。在这个圈子里建立有限信任要容易得多。这种有限信任是每一位 EMBA 学子成功的基础之一。从这种意义上说，读 EMBA 不仅要学习知识，提高自己的能力，还要交朋友，建立一个有限信任的群体。普遍信任不知猴年马月，有限信任就在现在。EMBA 有助于扩大和加固有限信任的圈子，这也是花高价上学的一种收益吧！

金牌是玩儿出来的

在美国时，我与一位乌拉圭教授同住在一个美国人家中。适逢世界杯足球赛在美国举行，我就问他乌拉圭球队是如何培训的。他说，乌拉圭根本没有国家养活的球队，喜欢踢球的人有各自的职业，业余玩球，遇有比赛选出佼佼者就成了国家队，赢了大家欢庆一下，输了也无所谓。后来我知道了，其实市场经济各国并没有由政府出钱养活的专业运动队，政府也没有把金牌作为举国支持的目标，人家的体育是玩的，不是来达到什么政治目标的。

我们向来把金牌看得很重，体育是"金牌战略"。尽管也讲一些，"友谊第一，比赛第二"之类的话，那只是用于政治交易，对于成绩还是看得很重的。获取金牌对相关人员都有极大政治和经济利益，那含金量惠及许多人的全家或个人的一生。计划经济下，体育关系着国家的荣辱，由国家直接管理，倾一国之财力实现金牌目标。有国家大把花钱，体育就不断为国争光。转向市场经济了，举国金牌战略并没有变，不过财政没那么充足了。苏联曾经辉煌的体育正是在失去政府财政支持后衰落的。不过我并不认为这是什么坏事。金牌再多，人民受苦受难，吃不饱，穿不暖，又有什么用？金牌毕竟是面子的事，衣食足才有面子。大家勒紧裤带造原子弹、导弹，对增强国力、推动技术进步是有意义的，苦也值。仅仅为了面子，勒紧裤带搞体育，就不值了。

其实看重面子的是穷人或暴富的人，看重金牌的也绝非发达国家。金牌与一国的国际地位并没有什么密切的关系。经济发达，人民生活好，没有金牌也有国际地位；落后而又独裁，金牌能往脸上贴多少金呢？1936年，在德国举行奥运会时，德国金牌倒不少，但希特勒为侵略战争而压低人民生活水平，又实行法西斯统治，德国人民难以高兴，国际上受谁尊敬呢？落后者因体育金牌出了口气，但对改变落后无济于事。1968年，世界杯冰球赛中捷克赢了苏联，被占领下的捷克人民出了口气，但并不能改变被占领的事实。金牌改变不了什么。

当然，这并不是说金牌无所谓，如果不需要举国体制，不用大家节衣缩食还可以多得点儿金牌，那当然是大快人心的事。关键在于为这金牌付出了多少。据报道，我们奥运会每块金牌要花七八亿元。一个"神六"才九亿元，一块金牌就七八亿元，对我们这样并不富裕的国家而言，哪个更重要，恐怕不用多说。

在我们的经济转向市场经济的今天，仍然沿用计划经济下的金牌战略，且国有国营，由政府一手操办，其成本不仅仅是金钱。在转型时期，以经济利益为中心，物欲横流，人人思钱，个别官员又贪婪成性。当体育仍沿用原来的方法时，问题就比过去复杂了。计划经济之下，除了阶级斗争扭曲人外，社会风气比今天强得多，体育运动总体上干净得多。在今天的金牌战略下，官员和运动员又要面对金钱诱惑和不正之风。为奥运会金牌战略服务的全运会也就发生了扭曲。黑哨、偏哨、斗殴、下跪、假摔、内定冠军、兴奋剂……似乎体育界的丑闻全集中在这里了。我们不禁要问：争夺金牌到底是为了什么？带着丑闻的金牌是国家的荣誉，还是耻辱？难道我们花钱就是为了这个目标？

看来在转向市场经济的今天，体育也该市场化了。体育可以以全民健身为目标，也可以作为一个产业来经营。可以把体育作为娱乐产业进行市场化操作。相当一部分体育运动，如足球、篮球、拳击等，可以作为娱乐业自己养活自己。美国的NBA不就是成功的例子吗？国家也要花钱，但不是以夺取多少金牌为目标，而是推动全民健身运动，或资助一些重要而又无法赚钱的体育运动项目。

市场化的关键还不在于谁来花钱，而在于谁来经营体育，体育不能国有国营，由政府一手操办。体育市场化就在于应该给企业办的就让企业办，各种体育俱乐部（如足球俱乐部）就是企业，实行市场化经营。各国的足球比赛就是由它们组织的，既作为娱乐活动赚了钱，还可以为企业做广告来赚钱，在市场竞争中就提高了足球水平。政府不要插手具体事务，仅仅维护市场竞争的公平性而已。全运会上的众多丑闻恐怕与体育官员的不正之风有关。权力又一次发威。体育部门既是体育运动管理者又是经营者，权力太大，利益得失也太大，明确界定体育部门与官员应起的作用，才能有干净的体育。

体育转向市场，金牌战略会受冲击。但一时少几块金牌，除了那些体育官员面子上不好看，耽误仕途升迁之外，对国家的荣誉和目标地位并没有什么影响。以金牌战略为导向，丑闻不断，那才丢了中国人的脸。坚持市场化方向，全民身体素质提高，体育比赛成为提高人民精神文明程度的娱乐活动，在这个过程中，金牌还会增加。美国这些体育大国走的不正是这一条路吗？

体育本来是玩的，玩好了争光，玩不好也没什么。金牌战略有点举轻若重，花费巨资效果不佳。这值得我们反思。

竞争才能出精英

· · · · · · · ·

英语中的精英（Elite）这个词来自法语，意思是社会的上层或杰出人士。任何一个社会都有自己的精英，而且由精英统治和主宰这个社会。任何一次革命都不是要消灭精英，而是用一个精英集团取代另一个精英集团。精英的存在从根本上说是由于人们先天才能、后天努力和机遇的不同，总有少数人由于才华出众、刻苦努力和运气好而进入精英集团。但是，在不同的社会中，精英形成的方法不同，对社会的作用也完全不同。

在传统社会中，精英的地位来自政治权力，是统治者，当不存在竞争的选举机制时，政权来自暴力革命。在群雄逐鹿中原时，他们是成功者，这就是"成者为王，败者为寇"。"王"与"寇"一字之差，本质上都借助了暴力，所以，都是草莽英雄，能成为精英者，大抵没有什么文化，甚至是流氓无产者。

中国历史上的皇帝及开国元勋们，大多如此，不过应该承认，他们无论在脑力还是体力上毕竟是强者，在那样的社会里成为精英也很正常。一代王朝建立之后，精英分为两种类型。一种是贵族，如皇帝或王公，他们的后代能成为精英，靠的不是能力，而是血统。另一种是名门望族，他们是依靠自己的能力（如科举中胜出）进入精英集团的。没有改朝换代，贵族的精英地位是不变的。但即使在一个朝代内，名门望族的地位也是变的。所谓"富不过三代"就是这个意思。

这种精英的形成与延续机制对社会是不利的，中国封建社会的长期性与停滞性与此相关。运用暴力改朝换代仅仅是实现财富的再分配，而不是财富的创造。暴力的结果不是生产关系的改变，仅仅是统治者的改变。更重要的是，暴力本身是一场社会动乱，是对社会生产力的极大破坏。这种精英形成的过程是以社会的倒退和千百万人的鲜血为代价的。精英成了历史的罪人。这种精英集团形成之后要巩固自己的地位，防止别人取代他们的地位，这就要在政治上采用高压专制手段。而且，他们把当初投身于暴力作为一种风险投资，获得政权后就要取得投资回报，从而以加重对人民的剥削为能事。其结果是生产力得不到发展，社会贫穷落后。同时又用愚民政策来防止有人夺取他们的地位，扼杀了许多潜在精英的纵向流动之路。这个精英集团也需要补充，但他们需要的是高级奴才，而不是真正的人才，科举制正是为此服务的。对奴才的需求扼杀了人的创造性，进入精英集团者虽然有能人（历史上的贤相），但主体是和珅这样没有独立人格的庸才。这是精英选拔中的逆淘汰机制。

在传统社会中，精英集中于政治，而且只有通过政治这一条路才能成为精英。从商的经济人才贡献再大也难成为精英。经商致富的晋商和徽商再有钱也属于下九流。从文的文化人只要不能进入政治体制，再有才华也没用——诗人李白、杜甫，小说家罗贯中、曹雪芹都是如此。当只有通过政治一条路才能进入精英集团时，这个社会的愚昧、落后、贫穷就是必然的，这时的精英成为社会进步的绊脚石。

现代社会并没有消灭精英，但精英形成的方式发生了根本变化。这时的精英不仅有政治精英，而且还有经济精英和文化精英。条条道路都可以成为受人尊敬、有社会地位的精英，而不必人人都去搞政治。更重要的是，这个社会的精英不是靠暴力，也不是靠血统，而是靠在各个领域的竞争。选举制使政治精英来自政治领域的竞争，这种竞争不同于传统社会的玩弄阴谋诡计或宫廷政变，而是公开透明的，当选之后还要接受选民和舆论的监督。这就使有经邦治国之才的能人进入政治精英集团，为管理国家贡献才华。经济竞争使一批天才企业家成为经济精英，他们的竞争促进了社会繁荣，极大地增加了社会财富，对社会功德无量。他们在使自己富有并成为精英的同时也推动了社会进步。文化事业繁荣的基础是百花齐放，百家争鸣。在这个竞争过程中，那些对繁荣文化、艺术、学术作贡献的人成名成家，自然就是精英了。

这些人成为精英的过程与社会利益是一致的。如果我们不是仅仅从经济的角度，而是从更广泛的角度来理解竞争，竞争中产生精英就是这个社会的活力所在。同时，现代社会的公平竞争保证了精英集团永葆活力。这个社会实现了法律权利上的人人平等，使一切人都可以依靠自己的才华和努力成为精英。当然，竞争的结果，精英仍然是少数人，但这少数人一定是对社会贡献最大者，而且，现代社会的精英不会由于血统和出身固定下来。随着社会的急剧变动，一代精英过去，又一代新精英出现，精英替代速度相当快，往往不是"富不过三代"，而是"富不过一代"，甚至只有几年，这正是社会进步的动力。

现代社会，英雄不问出身，每一个人都应该有成为精英的理想，并为此时奋斗。也许你终身也成不了精英，但有过理想，奋斗过，就不会虚度一生。人人都为成为精英而奋斗，这个社会就是永远进步的。

做大胆言利的企业家
· · · · · · · · · · ·

有些企业家喜欢以"儒商"自居。如果"儒商"的含义是有文化的企业家，企业家以此为追求是有意义的。如果"儒商"的含义是儒家的"言义不言利"，那就或者是言不由衷，或者是给自己定错了位。

经济学家把包括企业家在内的所有人都作为理性的经济人，即他们行为的目标是为了实现个人利益的最大化。个人作为居民提供生产要素是为了收入最大化，作为消费者购买物品与劳务是为了效用最大化，作为企业家从事经营活动是为了实现利润最大化。从现实中看，企业家的经营活动也许有不同目标，但作为共性是要实现利润最大化。如前所述，经济学分析是把某种假设作为分析的前提的。在分析企业行为时，基本假设是利润最大化。

在我们民族的传统文化中，"利"是受到排斥的，"唯利是图"是一个贬义词。长期以来，我们也习惯于把个人利益与社会利益对立起来。好像"利己"必定"损人"。经济学家强调个人的利己，实际上是认为个人利益与社会利益是一致的。企业追求利润最大化的过程也就是贡献社会、增进社会利益的过程。

企业实现利润最大化有这样几条途径：

——按消费者的偏好。以市场需求为导向进行生产，向消费者和社会提供充分的好产品。这样的产品市场欢迎，能卖出好价格，利也就在其中了。

　　——进行创新活动，不断提高生产率。首先进行创新的企业，产品成本低于其他企业，又可按市场价格出售，其余额就是利。当其他企业为利而进行模仿或再创新时，整个社会受益。

　　——承担经济活动的风险也会得到作为"风险贴水"的利。社会需要有人承担风险，利就是对风险承担者的报酬。

　　——在与其他企业的竞争中获利。竞争是市场经济的活力所在，竞争的结果是优胜劣汰，成功的企业获利，这正是社会进步的过程。

　　——按最优化原则利用和配置企业拥有的资源。如果每个企业都做到了这一点，整个社会资源的配置也就实现了最优化。

　　企业这些以利润最大化为导向的活动哪一项不利于社会？企业言"利"必然对社会有"义"，为何不敢公开言"利"？企业利润增加，向政府交纳的税收增加，企业用利润去投资扩大了就业，增强了国家的经济实力。企业唯利是图何罪之有？一个只言"义"，口口声声"为人民服务"的企业如果亏损还要政府用纳税人的钱去养活，这种"义"有什么意义？这种"为人民服务"，岂不是让人民为它服务？

　　人们往往把当前市场经济中出现的种种问题归结为企业唯利是图，其实市场经济首先必须是一个法制社会。每个人都要在法律允许的范围之内从事自己认为能实现个人利益最大化的活动。企业必须在法律允许的范围之内为利润最大化而经营。那些制造假冒伪劣产品，甚至坑蒙拐骗以谋利的行为不是我们所说的理性经济人行为。犯法的行为最终是要受到法律正义之剑惩罚的，哪有个人利益或利润最大化？现在一些个人或企业为谋私利而从事非法活动的现象存在（甚至还相当严重），并不是因为经济人假设或利润最大化假设不对，而是因为执法不严。这个问题已经超出了经济学的范围。

原计划经济各国的经济改革往往是从承认利润的作用开始的。60 年代中期，苏联赫鲁晓夫的经济改革从经济学家利别尔曼一篇强调利润作用的文章开始。70 年代后期，中国的经济改革也以重新评价孙冶方把利润作为引导企业经济活动"牛鼻子"的观点启动。今天，唯利是图不应是一个贬义词，利润挂帅也不是什么修正主义。企业追求"利"、"义"也就在其中。中国所需要的正是大胆言利、敢作敢为的企业家。

信心来自未来预期
· · · · · · · · ·

　　"9·11事件"后人们对美国经济的未来做出3种预测，有悲观者，也有乐观者。"9·11事件"摧毁了纽约世贸大厦，给民航业、保险业和相关行业带来惨重损失。但更重要的是，"9·11事件"冲击了人们的心理——人们对未来经济的信心。经济信心对一个经济的未来至关重要，我们只有从"9·11事件"对美国人心理的影响入手，才能正确判断这一事件的未来影响。

　　未来是不可预期的，人们对未来经济是否有信心直接影响各种经济决策，尤其是消费和投资。这个道理人们早就知道。但在现代经济学家中认真分析这个问题的第一人还是凯恩斯。

　　凯恩斯庞大的理论体系是以三大心理规律——心理上的消费倾向（边际消费倾向递减）、心理上预期的资本边际效率（资本边际效率递减）和心理上的流动偏好（利率的下降有限度）——为基础的。其中最关键的是心理上预期的资本边际效率。经济中严重衰退（或危机）的发生源于资本边际效率的突然崩溃。这种崩溃的根源则在于对未来信心的突然丧失。凯恩斯把这种信心的丧失归因于"动物的本能"（animal spirit），即由于某种说不清的原因（例如早上起来偶感胃疼）引起的本能性冲动。这种解释自然是过于简单，但他对信心的重视是有见地的。

现在人们总谈论消费信心指数或投资信心指数，可见都知道信心之重要性。信心来自对未来的预期，因此，研究人们信心的大小还必须了解预期的形成方式。信心对经济的重要性，也就是预期对经济的重要性。

例如，在发生通货膨胀之后，如果人们预期通货膨胀会持续下去，对政府反通货膨胀的政策无信心，那么，无论这种通货膨胀最初是由需求还是供给引起的，即使这些原因消失了，通货膨胀也会由于预期而作为一种惯性存在下去。这就给反通货膨胀带来了困难。假设由于总需求增加，物价水平上升5%，人们预期这种通货膨胀会持续下去，就按这种预期调整自己的经济行为。比如，劳资双方按5%通货膨胀率签订工资合约。到下一年，即使引起通货膨胀的总需求原因不存在了，也会由于工资已上升5%而发生供给推动的通货膨胀。甚至说得极端一点，即使经济中本来没发生通货膨胀，也没有引起通货膨胀的因素，但如果人们普遍预期会发生通货膨胀，并按这种预期调整自己的行为，那么，最后真的就会发生通货膨胀。

相反，如果人们对政府的反通货膨胀信任，预期也有助于通货膨胀治理。沃尔克作为美联储主席决心制止当时高达两位数的通货膨胀。沃尔克的决心和强有力的紧缩政策使人们对治理通货膨胀充满信心，他们修改了对未来通货膨胀的预期，这是沃尔克以比预想的小的代价获得反通货膨胀成功的重要条件。

人们的信心来自哪里？从根本上说来自制度。我们经常讲投资环境。良好的投资环境对坚定国内外投资者的信心十分重要，但这种投资环境不是来自某些领导的恩惠、特批或临时性政策，而是来自一套制度，一套有法律程序批准的成形制度。信心来自法治而不是人治。人相信法律，但不相信个人——哪怕是极有权势的个人。从制度的角度看，"9•11事件"对美国的冲击并不大，因为美国有一套完善的制度，这种制度是美国长期繁荣的保证。

政府的各种政策对人们的信心也有重要影响。如果政府政策多变，人们无法掌握其规律，人们就会做出错误的预期，动摇信心。理性预期学派证明了政策的无效性。这就是说，如果政策是有规律的，人们会做出正确预期，上有政策，下有对策，政策失效。如果政策是随机的，可以靠欺骗起到一定作用，但欺骗不能总起作用，这种政策最后只是加剧了经济的不稳定性。因为俗话说得好，你能一时欺骗所有人，也能永远欺骗少数人，但不能永远欺骗所有人。政府的政策还是要以取信于民为本。人们信任政策，会据此做出正确预期，对未来有信心，经济就能克服各种困难而实现稳定。

"9·11事件"对人们的信心有相当大的冲击。过去美国人相信自己是强大的、安全的、不会有什么大灾难，但这次严重的恐怖行动打破了美国人的这种信心。人们感到困惑的一个问题是："美国还安全吗？"如果这种担心扩散、漫延，就会改变美国人对未来的预期，对美国经济有不利影响。

不过美国人的这种担心并不是来自内部，而是来自外部，是一种随机性外部冲击。美国政府重要的不是去弥补这次事件的物质损失，而是恢复美国人的信心。这正是美国政府要不惜一切代价把消灭恐怖分子的战争（小布什总统强调这次反恐怖主义是一场战争）进行到底的原因。反恐怖战争不是一种报复行为，而是要重新给美国人一个安全感。这场战争的胜负对美国人未来的信心举足轻重。

我不相信罪恶的恐怖活动会成功，也不相信恐怖分子可以横行无阻。这世界毕竟是有正义的。从这种意义上看，"9·11事件"对美国人信心的打击也是暂时的。美国政府正努力取信于民，信心会恢复。"9·11事件"对美国经济的冲击也只是暂时的。

第二课
回到常识话经济

别求实用好不好

到一些地方讲课，总有人问，经济学有什么用，或者能立竿见影地帮我解决什么问题。对这类问题我只能微微一笑，摆出一副外交官无可奉告的样子。

国人是注重实用的。国内外都有宗教，但信教的目的却不同。洋人把宗教作为一种信仰，一种人生的精神支柱，至多要求上帝抽象地保佑一下。国人的目的就明确得多，拜观音是为了送子，拜佛时总要许一个具体的愿。传教者也有具体目标，如愿了要回来许愿，就现实而言，是高价为你算卦，或卖给你香火、吉祥物之类。宗教似乎成了一种双赢的交易。

对天上的事情尚且如此实用，对人间的事就更实用了，教育必须与劳动生产相结合，为现实的阶级斗争和生产斗争服务，学文的不会写大批判文章，学理工的不会开机器，学农的不会种地，罪莫大焉。大批判的时代过去了，但实用的精神在市场经济大潮下更赤裸裸了。高校的专业设置越来越实用化，从名称看就知道是可以直接用于赚钱的。当年期货热，许多高校都设期货专业，如今电子商务热了，这又成为专业名称。热衷于报考热门专业已成了家长和学生的共同追求。

经济学被定位为"致用之学"，也逃不了实用的目的。对个人，要实现收入最大化；对企业，要实现利润最大化；对社会，要实现福利最大化。一言以蔽之："经邦济世"、"富民强国"。不这样就是理论脱离实际，就是无用的空头理论。于是实用性强的学科大行其道，经济思想史、经济史这类没什么用的学科几乎要衰亡了。

以实用为目的就一定有用吗？花重金去拜观音者未必有子，那是基因的事，不是观音的事。如果许了愿都灵验，那不全国人民都成了官，发了财吗？神鬼之事且莫说，大学毕业生有几个找到专业对口的工作？我认识不少学国际贸易、期货、电子商务之类热门专业的毕业生，真正从事本专业并成功者并不多。那些致力于"经邦济世"的经济学家除了个人的名利之外，对现实又有多少用？企业家是天生的，正如中文系培养不出作家（记得当年北大中文系主任杨晦教授对每年入学的中文系新生都这样说），经济系也培养不出企业家或主管经济的大官一样。对许多现实的经济问题，号称著名的经济学家都讲不清，争论不休，何以有治国之策？

功利性太强反而实现不了功利，实用性太强反而没有用。宗教是教人为善的，作为一种精神信仰让人有一种正确的人生态度，有了这种态度，知道如何做人的人，也许人生会更幸福、更成功。上帝也好，佛祖也好，给你的不是具体的东西，而是一种思想境界，它与成功与否没有直接因果关系。实用主义的宗教信仰其实是没有信仰。

实用主义的教育其实是毁了教育。包括基础与高等在内的正规教育不同于职业培训，它的目的不是给学生一种就业技能，而是提高公民的综合素质。综合素质说起来抽象得很，素质高的人也许不能立竿见影地种好地、做好工。但只要他努力种地、做工，都会比原来只学种地、学做工专业的人强。以色列许多种地人都是硕士或者博士，他们学的是哲学、历史或文学之类没有实用价值的东西，研究的是柏拉图、十字军东征或莎士比亚悲剧之类无法学以致用的课！但他们的综合素质高，环境迫使他们种地以求生时，他们同样能把地种好。以色列在荒漠上供给全世界蔬菜、花卉，不是他们有受过农业专业训练的人，而是以色列人教育水平高，综合素质高。

一个社会，人的综合素质高，其繁荣文明程度就高。仅就个人而言，综合素质高才能学好技能。记得"文革"时，我们一百多个大学生"发配"到一个林业局，有从专业院校来的，有从综合大学来的。开始时那些有专业技能的学生适应得快，综合大学来的则有些迷茫。但过一段时间后，有专业技能的人难以前进了，而受过综合大学教育的人能力大显。管人事的老头儿说，学专业技能是上化肥，见效快，综合大学是上有机肥，见效慢但持续时间长。综合大学教的正是没有实用价值的抽象理论。如果我们的教育都以"上化肥"为能事，国人的综合素质如何提高？特别是专业的"化肥"与社会需求不一致时，综合素质低，如何改行？实用的教育是急功近利的，而急功近利会毁了一个人，也会毁了一个社会，教育的危机正在于不以提高人的综合素质为中心。

　　再回到经济学。经济学知识不是学以致用的实用性技能，是人综合素质的一个组成部分。学经济学也同学文学、历史、物理、化学一样，不是要直接用，而是在学习中提高自己的综合素质。从这种意义上说，英国经济学家希克斯把经济学定义为"智力游戏"是千真万确的。任何智力游戏都有益于综合素质的提高。外面的世界太热闹，许多经济学家投入滚滚红尘追逐名利不足为怪，但总要有些人在平静的象牙塔中，为自己、为学术，玩"智力游戏"。

人人懂点经济学

在美国，许多美联储退休的专家被投资公司高薪请去当顾问。市场经济没有白吃的午餐，这些专家能被高价聘用在于他们有用。美联储是货币政策决策机构，其决策依靠了许多专家对宏观经济的研究与分析。这些专家都是研究宏观经济与政策的高手。宏观经济走向与政策对投资公司做出决策至关重要。这正是这些公司高价聘请这些专家的原因。其实宏观经济状况和政策对我们每一个人都非常重要。我们请不起那些高价老头，但可以学点宏观经济学。

现代宏观经济学的建立以英国经济学家凯恩斯《就业、利息和货币通论》（简称《通论》）为标志。但人们关心整体经济运行却可以追溯到很久以前。古典经济学家亚当·斯密研究国民财富的性质和原因，实际是研究今天宏观经济学中的经济增长问题。自从英国发生世界上第一次过剩性经济周期以来，经济学家就开始关注今天宏观经济学中的周期问题。美国经济学家托宾指出，增长和周期一直是宏观经济学不变的议题。

但在那之前并不存在现代意义上的宏观经济学。新古典经济学家信奉"萨伊定理"，即供给会自发地创造需求，经济依靠市场机制调节可以自发地实现充分就业均衡。既然整体经济可以自发实现充分就业均衡，也就不必研究了。新古典经济学家研究的是今天称为微观经济学的内容——资源配置问题。

但是，大萧条打破了萨伊定理，经济学发生了第一次危机。正是在这种背景下产生了以总需求分析为中心的凯恩斯主义宏观经济学。经济学的中心由资源配置转向资源利用，由个体转向整体。这是经济学中的一次革命。后人评价说，经济学中的这场"凯恩斯革命"与天文学中的"哥白尼革命"同样重大。今天看来，这个评价并不过分。

宏观经济学是研究整体经济的运行规律的。它研究的对象是影响整体经济的失业、通货膨胀、经济周期和经济增长这四个重大问题。经济学家正是通过对这些问题的研究，分析各种经济变量之间的关系，从而找出经济运行的规律。解释这些宏观经济问题的内容就是宏观经济理论。研究宏观经济的目的是整体经济稳定，即实现充分就业、物价稳定、经济周期平缓，以及适度的经济增长。这些目标要通过政策调节实现。因此，根据宏观经济理论制定的政策就是宏观经济政策。这是宏观经济学中另一个重要部分。用宏观经济政策调节经济需要定量分析各种经济变量的关系，进行经济预测，也需要评价政策。这就有了宏观经济计量模型。理论、政策、模型是宏观经济学三个相互关联的组成部分。

影响整体经济运行的是总需求与总供给。各种事件都通过对总需求或总供给的影响而影响整体经济状况。因此，总需求—总供给模型是宏观经济学的中心。凯恩斯本人及其追随者侧重总需求分析，但70年代的石油危机对经济的冲击使经济学家重视总供给。现在总需求—总供给模型已成为所有宏观经济学家的基本分析工具，所不同的只是对总需求和总供给的解释不同，所得出的结论与政策不同而已。

人们往往把经济学家看为最爱争论的人，甚至认为即使只有两位经济学家，也会有三种观点。其实经济学家对微观经济问题的分析相当一致，即使在分歧最大的宏观经济问题上，也有共识。宏观经济学家对长期经济问题并没有什么分歧。长期中经济能实现充分就业的均衡，充分就业 GDP 的大小取决于制度、资源和技术进步。失业率是制度等因素决定的自然失业率。物价水平由货币量决定。他们的分歧在短期分析和政策上。一些经济学家认为，经济中的短期波动缘于市场机制调节的不完善性，主张用国家干预来实现稳定。这就是凯恩斯主义者的观点。另一些经济学家认为，即使在短期中市场机制也是完善的，经济波动来自外部冲击，主张依靠市场调节实现稳定。这就是新古典宏观经济学家的观点。他们的争论构成了宏观经济学丰富多彩的内容，也影响到不同时期的宏观经济政策。

也许有人会觉得，宏观经济和政策是经济学家和决策者的事。其实宏观经济状况和政策对每一个人都影响深远。作为企业家和投资者，你只有了解宏观经济的现状与未来，了解政策的影响与趋势，才能做出正确的经营与投资决策。作为一个普通人，你必然会关心能否找到一份理想的工作，收入有多少，物价变动对自己的财产和收入有什么影响。这些正是宏观经济学所研究的。我们总是在一个社会经济中做出自己的决策。不了解整体经济状况，岂不是盲人骑瞎马吗？美联储的退休老头有高价是因为他们是宏观经济专家。我们不能要求人人都成为这样的专家，但了解一点宏观经济学还是十分必要的。

微观与宏观分而不离
· · · · · · · · · · ·

现在，当你一开始学习经济学时，老师就会告诉你，经济学分为微观与宏观两部分。但在最初，即使最权威的经济学家也还没想到过这种提法。

新古典经济学研究个人与企业的决策和资源配置问题，而没有关注整体经济的运行，因为根据萨伊定理，供给创造需求，在市场机制的调节下整个经济是完美和谐地运行的。但大萧条打破了这个神话，迫使经济学家去考虑整体经济的运行到底出了什么问题。正是在这种背景之下，凯恩斯提出，"经济学分为两部分，一部分是关于单个行业与企业、报酬，以及既定资源量分配的理论；另一部分是关于整体经济产出与就业的理论"。

荷兰统计局一位不知名的经济学家 P. 迪·沃尔夫在一篇文章中第一次提出了"微观经济学"和"宏观经济学"这两个词。他说："微观经济学解释所指的是一个人或家庭……的关系。宏观经济学解释产生于个人或家庭组成的大集团（社会阶层、民族等）……相应的关系。"

应该说，最早把经济学分为微观与宏观两部分的是凯恩斯。他把新古典经济学关于资源配置的理论称为微观经济学，而把他关于产出与就业决定的资源利用理论称为宏观经济学。美国凯恩斯主义经济学家萨缪尔森继承了这种提法，在他《经济学》一书中把经济学分为微观与宏观两部分。自此以后，这种分法被经济学家普遍接受，并一直延续到现在。

应该说，把经济学分为微观与宏观两部分是一个历史的进步。但早期的凯恩斯主义经济学家往往只注意到了这两者之间的区分，而忽视了它们之间的内在联系，以至于不少初学者把微观与宏观作为不同的经济学，而没有作为一个统一的整体。

凯恩斯本人把精力集中在宏观经济问题上，对微观与宏观之间的关系，他只是在《通论》的第 24 章中提到："如果我们的中央控制机构能够成功地把总产量推进到相当于在现实中不能达到的充分就业水平，那么，从这一点开始，古典学派的理论仍然是正确的。"这就是说，他的宏观经济学是要解决微观经济学的前提——充分就业，并不是完全否定微观经济学。但综观凯恩斯的论述，他并没有说明微观与宏观之间的关系。

以萨缪尔森为代表的新古典综合派把微观与宏观综合为一个体系，承认这两部分在经济学中同样重要，但并没有说明这两者之间的内在联系。这一派的经济学家如托宾、索洛、莫迪利阿尼等人把重点放在发展凯恩斯的宏观经济理论上，并没有认真考虑微观与宏观的关系。尽管莫迪利阿尼也力图把他的消费函数理论（生命周期假说）建立在微观经济学的消费者行为理论之上，但整体而言，并没有考虑如何从微观经济学来建立宏观经济学。

美国高失业与高通货膨胀并存的滞胀动摇了"二战"后凯恩斯主义一统江湖的地位。对凯恩斯主义的批评不仅在政策和具体理论上，更重要的是在一个根本问题上：凯恩斯主义宏观经济学缺乏微观经济基础。

谁都知道，个人经济决策与活动是整个经济的基础，整个经济无非是个人经济活动的总和结果。离开解释个人经济活动的理论——微观经济学——哪会有解释整体经济的宏观经济学呢？离开了微观基础的宏观经济学无疑是无源之水、无本之木。但庞大宏伟的凯恩斯主义经济学体系所缺乏的正是这个基础。

反对凯恩斯主义的经济学家把这一点作为突破口。他们认为，微观经济学的中心仍是新古典经济学，因此，应该以新古典经济学为基础来建立整个宏观经济学体系。新古典经济学对个人行为的分析是从理性人出发，得出了市场出清的结论。这是进行宏观经济分析的出发点。理性预期学派正基于这种认识，把理性预期和市场出清作为宏观经济学的基础，得出了市场调节有效而完善，国家干预有害而无利的结论。这种宏观经济学是新古典经济学的运用与发展，所以称为新古典宏观经济学。

坚持凯恩斯主义基本思想的经济学家也认识到，要重振凯恩斯主义的雄风必须给它一个坚实的微观经济基础。这正是新凯恩斯主义者所努力的方向。他们从信息的不对称性出发，论述了价格和工资决定，得出了黏性价格和黏性工资的理论。这就是说，物品市场上和劳动市场上的供求关系决定价格和工资，但由于信息的不对称，价格和工资是黏性的，即其变动慢于供求的变动。这样，在短期中，价格和工资的调节不能实现供求相等的市场出清，从而引起宏观经济的波动、失业与通货膨胀。由此得出凯恩斯主义的基本结论：市场调节的不完善性引起国家干预的必要。价格与工资的决定属于微观经济学，由此出发研究宏观经济学应以微观经济学为基础。

新古典宏观经济学和新凯恩斯主义的结论不同，但都是把宏观经济学建立在微观基础之上。这告诉我们，微观经济学与宏观经济学是一个不可分的整体。尽管在学习时把这两部分分开有其优点，但在理解经济问题时一定不能把它们分开。经济学家努力的方向正是把微观与宏观融为一体的经济学，也许过若干年后微观与宏观的分法又过时了。我们学习宏观经济学时一定要牢记这一点。

认识货币不容易

· · · · · · · ·

　　如果把各个不同时代的人召集到一起讨论什么是货币，每个时代的人都有不同的回答。原始社会的人把贝壳等实物作为货币，重商主义时代的人只认金银为货币，现代社会的人习惯于把纸币作为货币，而 21 世纪的人在用电子货币。其实在经济学家看来，他们的回答是一样的：货币是普遍接受的交换媒介。各个时代的人所认定的货币只是形式不同而已。

　　货币最基本的职能是作为方便物品流通的交换媒介或支付手段。由此得出一个结论：只要能作为交换媒介就是货币，无论它采取什么形式。至今在南太平洋的雅普岛上人们仍把石头作为货币，"二战"中的集中营和战后的德国及 80 年代的俄罗斯都曾把万宝路香烟作为货币。这种万宝路香烟和历史上的金银一样是商品货币，其作为交换媒介的基础在于自身的价值。当然，现代社会的人更习惯于用本身无价值的纸币——法律规定其偿还债务作用的法定货币——作为货币。也许顺着这个思路，未来还会有其他你现在想不出来的货币形式。

　　但确定什么是货币并不容易。比如，我们经常用信用卡购物进行支付，那么，信用卡是货币吗？如果换一个问题，驾驶证或身份证是不是货币，你肯定回答它们不是货币。其实信用卡和驾驶证或身份证一样是证明某种身份的，本身并不是作为交换媒介的货币。驾驶证证明你会开车，身份证证明你的公民身份，信用卡证明你有偿还能力、有信用。用信用卡购物实际上是凭你的信用在借钱一样，但证明你信用的东西本身并不是钱。正如驾驶证本身不是开车技术一样。

货币的本质是交换媒介或支付手段，其他职能则与此相关。货币作为计价单位就是用货币来表示价格或记录债务。货币作为计价单位是其作为交换媒介的前提条件。货币作为价值储藏是把货币作为保存购买力的工具，或者资产的一种形式。这是作为交换媒介的延伸。有谁把交换不到其他东西的东西作为资产或精心储藏呢？价值储藏是把今天的购买力作为明天的购买力，把今天的交换媒介留到明天用。只要是作为货币——无论是雅普岛的石头还是"二战"集中营中的万宝路香烟——都具有这三种职能。

经济学家在论述货币时都会提到一个词——流动性。简单来说，流动性是一种资产兑换为交换媒介的容易程度。这一点对我们理解货币的含义十分重要。

我们知道，货币可以作为价值储藏就是资产的一种形式。但并不是任何一种资产形式都可以作为货币。哪一种资产形式可以作为货币则取决于这种资产的流动性。一种资产越能在价值不变的情况下变为交换媒介，其流动性就越大。现金（纸币和辅币）本身可以直接作为交换媒介使用，流动性无疑最大。银行的一些存款也可以按原价值转变为交换媒介，流动性也大。但股票和债券不太容易按原价值兑换为交换媒介。例如，你有面值为10元的10万股，股票的价格会变动，你并不能随时都可以以10元的价格把这10万股卖出去，变为100万元的交换媒介。这些股票的流动性就小。如果你的资产是一幅张大千的画，购买时为50万元，你想马上再把它变为50万元现金就不那么容易了。像现金和存款这类流动性大的资产可以作为货币，但像股票、债券和艺术品这类流动性小的资产就不是货币了。所以，分清什么资产是货币，什么资产不是货币，关键在于流动性的大小。

当然，即使是作为货币的资产，其流动性也不同。经济学家把直接可以作为交换媒介的货币称为 M1 或狭义的货币，把包括了其他货币的货币称为 M2，或广义的货币。M1 中包括现金（纸币与辅币）、旅行支票、活期存款或其他支票存款（例如，在货币市场共同基金中储蓄的可以开支票的存款）。这些货币可以直接作为交换媒介进行各种交易或支付。例如，你买飞机票时可以支付现金，可以支付旅行支票，也可以开一张支票。M2 则是在 M1 之上再加上其他储蓄存款（如商业银行的定期存款、货币市场共同基金的余额、其他金融机构的存款）。流通中的货币量又称货币存量。

看到这里你也许会想，货币不就是钱吗？谁不知道它呢？经济学家把一个钱字讲得如此复杂，又是什么 M1、M2 云云，岂不是把简单的事情复杂化吗？

其实，货币要是真像人们想的那么简单，还要经济学家做什么？经济学家用许多笔墨去解释货币是为了分析货币在经济中的作用。现代经济是货币经济，货币影响人们经济生活的几乎每一个方面。不搞清货币的含义就无法说明现代经济的运行。比如说，一个经济的货币存量及其变动在短期中既影响物价水平，又影响产量。如果不区分 M1 和 M2，连经济中货币存量是多少都不知道，如何说明物价水平和产量的决定与变动呢？而要区分 M1 和 M2，就必须引入流动性的概念。把简单的问题复杂化不是故弄玄虚，是为了深入认识经济规律，使经济运行得更好。

揭开货币的面纱

· · · · · · · ·

货币这东西让人爱，又让人恨。爱之者称"有钱能使鬼推磨"，恨之者称"钱为万恶之源"。其实这些都是对货币的价值判断。经济学家关心的不是货币本身好坏的道德含义，而是它在经济中到底起了什么作用。

货币是随着人类交换的产生而出现的，但货币在经济中的作用受到关注还是近代的事。地理大发现使金银大量涌入西欧，物价飞涨。这个事件在经济史上被称为"价格革命"。但经济学家发现，这种金银货币的增加仅仅引起物价水平上升，对实际经济并没有实质性影响。于是法国经济学家波丹总结出了货币量与物价水平同比例变动的关系。这就是说，物价水平和货币的价值由货币量决定，物价水平与货币量同比例变动，货币价值与货币量反比例变动。这就是以后由李嘉图、休谟等古典经济学家都坚持的货币数量论。20世纪初美国经济学家费雪把货币数量论概括为交易方程式，即货币量乘货币流通速度等于产量（GDP）乘物价水平。当货币流通速度和产量为固定的量时，货币量与物价水平同比例变动。

与货币数量相关的是，经济学家坚持了古典二分法，即经济分为实物经济与货币两部分。实物经济由资源与技术状况决定，与货币无关，而货币仅仅决定物价水平。根据这种古典二分法，货币在经济中是中性的，仅仅是经济的一层面纱。古典二分法、货币中性论和货币面纱论在凯恩斯主义出现之前一直占主导地位，成为经典性货币理论。

凯恩斯在《通论》中的一个重大贡献就是打破了古典二分法，揭开了货币面纱，说明了货币在经济中的重要作用。根据凯恩斯的分析，把实物经济与货币联系起来的是利率。在货币市场上，货币的供求决定了利率，利率通过对总需求中投资的影响而影响整个经济。这是因为，企业投资是为了实现利润最大化。投资用银行贷款进行，贷款要支付利息，利息是投资的成本之一。利率的高低决定了投资成本的大小。因此，当利润率为既定时，利率上升抑制了投资，利率下降鼓励了投资。投资是总需求的重要组成部分。把这种过程归纳起来就是：货币量增加使利率下降，利率下降增加了投资，投资增加使总需求增加，国民收入增加，经济进入扩张时期。如果货币量减少，这个过程就反方向发生作用。这个过程就是凯恩斯主义货币政策的机制，也是政府采用扩张性或紧缩性货币政策的依据。

根据凯恩斯主义的货币理论，货币影响经济的关键是利率，因此，货币政策的中心是调节利率。变动货币量是调节利率的工具，通过利率影响总需求是利率变动的结果。

货币主义者对货币在经济中的作用做出了不同的解释。货币主义者强调货币在经济中的重要性。这种重要性就在于在短期中，货币既影响产量又影响物价，但在长期中货币只影响物价而不影响产量。他们的这种理论被称为现代货币数量论。货币主义者强调，在短期中货币对产量的影响并不是通过利率的变动发生的，而是通过对物价水平的影响发生的。因为在短期中，物价水平也由货币量决定。当货币量增加时，物价水平上升。在名义工资不变的情况下，物价水平上升使实际工资下降，从而企业实际利润增加，刺激了生产，增加了产量。货币主义者强调，货币量变动对利率的变动是不确定的，而对物价水平的变动是确定的。凯恩斯主义者把利率作为货币政策的目标是"不爱爱自己的人，而爱不爱自己的人"。

货币主义者强调，货币量增加、物价水平上升对产量的刺激作用是暂时的、有限的。用增加货币量的方法去刺激经济在短期内也许有效，但从长期看，产量取决于资源与技术，不取决于物价水平。一味用增加货币量来刺激经济最终并不能增加产量，只会引起通货膨胀。因此，他们反对这种政策，认为货币政策的目的是实现物价稳定。在一个物价稳定的环境中，只要让市场机制自发地调节，就能实现充分就业。不适当的干预反而会成为经济周期波动加剧的根源。

　　面对美国经济严重的滞胀，这两派争论激烈。但从现在来看，这两派的观点应该是互相补充的。经济学家现在的共识是在短期中货币量既影响产量又影响物价水平，而在长期中货币量只影响物价水平。但这种共识并不是货币主义战胜了凯恩斯主义，而是结合了这两派的观点。大多数经济学家都承认利率对经济的影响，所以，直至今天美联储仍通过调节联邦基金利率来调节经济，并通过改变货币量来达到调节联邦基金利率的目的。但美联储也极为重视货币量对物价水平的影响，力争保持一种低通货膨胀的环境。看来经济学家的确是在争论中逐步接近真理的。

　　当然，这两派观点的某种接近与融合，并不表明经济学家对货币问题完全达成一致，也不表明货币理论已经十分完善了。在现代经济中货币的作用日益重要、复杂，尤其是在全球一体化的情况下，又提出了许多新的问题。人们的认识在深化，还会有新的分歧与融合。经济学无顶峰，要揭开货币面纱还有许多工作要做。

人民币不贬值的影响

．．．．．．．．．．．

　　东南亚一些国家爆发金融危机时，这些国家的货币竞相贬值，一泻千里。这时，我国政府郑重宣布人民币不贬值。人民币不贬值维护了我国经济稳定的局面，坚定了国内外对我国经济的信心，也有利于吸引投资。当然，我们也要看到人民币不贬值对国内经济可能带来的不利影响。

　　像人民币不贬值这样影响宏观经济的事件几乎每天都在发生，我们应该如何来分析这些事件的影响呢？我们知道，影响宏观经济状况的是总需求和总供给。所有事件都是通过对总需求或总供给的影响而影响宏观经济状况的。因此，经济学家用总需求—总供给模型来分析宏观经济。为了说明人民币不贬值如何影响宏观经济，我们首先要了解经济学家如何用总需求—总供给模型来分析宏观经济。

　　在宏观经济中，最重要的是国内生产总值（GDP）和物价水平。总需求—总供给模型就是从总需求和总供给相互作用的角度来说明国内生产总值和物价水平的决定与变动的。当经济中的总需求与短期总供给相等时就决定了这个经济的国内生产总值水平与物价水平。这时的国民生产总值水平称为均衡的 GDP，物价水平称为均衡的物价水平。均衡的含义是使总需求与总供给相等。如果总需求或总供给增加，均衡的 GDP 增加；反之，总需求或总供给减少，均衡的 GDP 减少。但总需求或总供给变动对物价水平的影响不同。总需求增加，物价水平上升；总需求减少，物价水平下降。总供给增加，物价水平下降；总供给减少，物价水平上升。

当总需求与总供给相等时，国内生产总值为均衡的 GDP。但要注意的是，均衡的 GDP 并不一定必然是充分就业的 GDP。国民经济均衡也并不一定是充分就业均衡。当均衡的 GDP 等于充分就业的 CDP（潜在的 GDP）时，经济实现了充分就业均衡。这种状态是理想的、合意的。但在市场自发调节的情况下，这种状态是偶然的，并不是必然的常态。如果均衡的 GDP 小于充分就业的 GDP，则存在失业和通货紧缩，即衰退。如果均衡的 GDP 大于充分就业的 GDP，则存在超充分就业和通货膨胀，即经济过热。后两种情况都不是理想状况。

我们用总需求—总供给模型来分析某个事件对宏观经济的影响时，首先要看这件事是影响总需求，还是总供给，或者两者都影响；其次，看对总需求或总供给产生了什么影响，即是增加还是减少了总需求或总供给；最后看这种总需求或总供给的变动如何影响 GDP 和物价水平。我们就根据这个程序分析人民币不贬值对我国宏观经济的影响。

人民币不贬值主要是影响总需求，因为当别国汇率变动而我国不变时，影响相对汇率的变动。相对汇率的变动影响进出口，尤其是出口。出口或净出口（出口－进口）是总需求的一个组成部分，所以，人民币不贬值这样的汇率政策主要影响总需求。对总供给也会有影响，因为相对汇率变动影响进口品价格，如果进口品作为原材料或中间产品，就会影响产品的成本，从而影响总供给。但这一点对我国并不重要，在这里为了简单起见略去不考虑。

人民币不贬值对总需求有什么影响呢？我们用一个假设的例子来说明这一点。假设我国与泰国都生产耐克鞋，并向美国出口。在金融危机前，假设泰铢与美元之比为 10 ：1。一双耐克鞋在泰国的价格为 1000 泰铢，出口到美国为 100 美元。人民币与美元之比为 8：1，一双耐克鞋在中国的价格为 800 元，出口到美国为 100 美元。在美国市场上，中泰两国出产的耐克鞋价格相同，各有一定份额的市场。

东南亚金融危机中，泰铢贬值，假设泰铢与美元之比为 20：1，一双耐克鞋在泰国的价格仍为 1000 泰铢，但由于泰铢贬值，出口到美国为 50 美元。人民币没贬值，中国生产的耐克鞋在美国市场上仍为 100 美元。这样，泰国出口到美国的耐克鞋增加，中国出口到美国的耐克鞋减少。所以，人民币不贬值会使总需求减少。

在东南亚金融危机之前，我国经济实现了充分就业与物价稳定。东南亚金融危机中我国政府坚持人民币不贬值，并不直接影响总供给，只是使总需求减少。在总供给不变的情况下总需求减少引起 GDP 减少和物价水平下降。如果原来均衡的 GDP 与充分就业的 GDP 相等，经济处于充分就业与物价稳定状态，那么，现在当总需求减少时，就会出现就业减少与物价下降，即出现经济衰退与通货紧缩的状况。

在东南亚国家金融危机之后，我国现实中的确出现了出口减少（许多外贸公司都深感这一点），总需求不足，实际 GDP 增长率放慢和物价低迷的现象。出现这种情况的原因当然是多方面的，但东南亚金融危机中我国坚持人民币不贬值的确是原因之一。

人民币不贬值有助于减轻东南亚国家受金融危机打击的严重性，也有利于我国经济的稳定。但这样做的代价是总需求减少、实际 GDP 增长率放慢和物价低迷。这又一次说明了经济学中的一个基本原则：天下没有白吃的午餐。

人均 GDP 不是人均收入

$\bullet\ \bullet\ \bullet\ \bullet\ \bullet\ \bullet\ \bullet\ \bullet\ \bullet\ \bullet\ \bullet\ \bullet$

《北京晚报》曾报道，北京的人均 GDP 达到了 2700 美元，按人民币与美元 1 比 8 的简单换算，约为 2 万余元。当时不少读者给报社打电话说，刚报道过北京人均年收入为 1 万余元，现在却翻了一番，这是怎么回事呢？

其实这两个数字都没错，关键是读者把人均 GDP 和人均收入这两个不同的概念作为一回事了。在报纸、电视等媒体上，我们经常听到 GDP 等名词。从这些名词中我们可以了解整体经济概况。因此，了解这些名词的含义即使对一个普通老百姓也是重要的。

用数字来衡量一个经济生产与收入的整体状况称为国民收入核算。在国民收入核算中最重要的概念是国内生产总值（英文缩写为 GDP）。它指一国一年内所生产的最终物品（包括有形的物品与无形的劳务）市场价值的总和。

理解这个概念时要注意这样几点：第一，一国指一国范围之内。这就是说在一国领土上无论是本国人还是外国人所生产的最终物品都是该国的 GDP。第二，一年之内所生产的，包括一年内所生产的销售或未销售出去的所有最终物品，但不包括以前生产而在本年销售出去的物品。例如，假设某国在 2000 年盖了 1000 亿元的房子，只卖出 800 亿元，这 1000 亿元都应计入 2000 年的 GDP，如果在 2001 年又卖出了剩下的 200 亿元，这 200 亿元则不能计入 2001 年的 GDP。第三，为了避免重复计算，只计算最终物品而不计算中间物品。最终物品是最后供人们消费的物品，中间产品是作为生产要素再投入生产的物品。第四，最终物品中既有物品也有劳务，在现代经济中劳务在 GDP 中占了相当大的比例。第五，按市场价格进行计算。如果按统计机构确定的基期的价格计算则是实际 GDP，如果按当年价格计算则是名义 GDP。

GDP 反映了一国整体经济的规模和状况。实际 GDP 增长的百分比称为增长率。实际 GDP 与充分就业时所能达到的 GDP（称为潜在 GDP 或充分就业的 GDP）之间的背离反映了经济中周期性波动的状况。名义 GDP 与实际 GDP 之比（称为 GDP 平减指数）可以衡量通货膨胀（或通货紧缩）的程度。所以，GDP 是国民收入核算最重要的指标。如果把实际 GDP 除以一国人口数则得出人均实际 GDP。新闻中所报道的 2000 年人均 GDP 为 2700 美元就是指人均实际 GDP，即扣除了通货膨胀的影响。人均实际 GDP 反映出一国的富裕程度。世界银行在比较各国的总体经济状况与规模时按实际 GDP 排序，在比较各国的富裕程度时按人均实际 GDP 排序。

在国民收入核算中还有其他四个指标，这些指标都可以根据 GDP 推算出来。国内生产净值（英文缩写 NDP）指一国一年新增加的产值。我们知道，在一国一年中所生产的最终物品中有一部分要用于补偿生产中所消耗的东西（称为折旧），减去这一部分才是净增加值。因此，从 GDP 中减去折旧是 NDP。

国内生产净值（NDP）并不是国民收入（NI），简单来说要从 NDP 中减去间接税才是国民收入。间接税是税收负担不由纳税人承担的税收。例如，对汽油征收的销售税。汽油生产者和销售者是纳税人，但他们可以通过提价把税收全部或部分转嫁给消费者，消费者承担了全部或部分税收。这种税就是间接税。国民收入是一国居民提供各种生产要素得到的各种收入之和。从生产者的角度看就是生产成本。GDP 是按市场价格计算的，而价格等于生产成本加间接税。因此，从 NDP 中推算出国民收入时还要减去间接税。我们经常听到人均国民收入这个词。严格来说，人均 GDP 不等于人均国民收入。有时媒体中把这个概念等同起来，并不是一种准确的说法。只不过习惯成自然，大家也接受了。

国民收入并不是我们每个人得到的收入之和，所以，报纸上说的人均收入还不是人均国民收入。如果我们从国民收入中减去公司未分配给股东的利润（称为公司留存利润，用于投资），加上政府向居民支付的利息（国债利息）就称为个人收入（PI）。从这种个人收入中减去居民向政府缴纳的所得税，再加上政府向居民支付的转移支付（比如各种社会保障与福利津贴）才是个人可支配收入（PDI）。这种收入可以直接由个人支配，用于消费或储蓄。报纸上所说的北京市 2000 年人均收入为 1 万元多实际上指的是人均个人可支配收入。这也就是我们实际上所得到的收入。

在日常生活中，我们不像经济学家或统计学家那样严格地区分这些概念，所以往往把它们混为一谈。新闻媒体有时也在相同的意义上使用这些不同的概念。这次误解正是由于这些原因所造成的。当你了解了这些概念的含义与区别时，你就可以知道它们之间的关系，也知道在什么时候用哪一个概念。

新闻媒体还告诉我们，北京的人均 GDP 要达到 6000 美元。人均 GDP 高低决定了人均收入高低，对这条消息你应该感到高兴。但千万别天真地认为，到那时人均收入也是 6000 美元，或近 5 万元人民币。要是你按这个数字去制订买房、买车的计划，到时会失望的。要是企业按这个数字去盲目扩大生产，到时又会卖不出去。可见了解这些概念对每个人都同样重要。

生活化的经济指标
· · · · · · · · · ·

严肃的经济学家总喜欢用数字说话。谈到一国经济，必定是GDP增长了几个点，通货膨胀下降了几个百分点，或者就业率提高了几个百分点。这些数字当然是重要的，但让人感觉更真实的也许并不是这些冰冷的数字。

美国经济学家弗里德曼曾应宾州公共广播公司电视台之邀拍过一部题为《自由选择》的电视片。电视是针对大众的公共媒体，在对比西德市场经济与东德计划经济的优劣时，他没有用什么统计数字，而用了这样的事实："在墙（柏林墙）的一边（联邦德国），街道灯火辉煌，商店里满是熙熙攘攘，兴高采烈的人群。一些人在购买来自全球的货物。另外一些人奔向众多的电影院和其他娱乐场所。墙的另一边（民主德国），街道是空空荡荡的；城市灰色而苍白，商店的橱窗毫无生气；建筑物表面积满了污垢。"他的结论是："在东柏林待上一个小时，就足以理解为什么当局要修那堵墙了。"

讲到这两个经济，弗里德曼没有引用任何数字，但你肯定会感到，这些事实比数字更有说服力。如果你真的去看数字，民主德国的成就也辉煌得很呢！民主德国的政府当局可以造数字，但不能造事实。这正是商业繁荣程度这种生活化经济指标比统计数字更有说服力的原因。

即使统计数字是科学地计算的，往往也不如活生生的事实有说服力。国外一些经济学家对我们的统计数字经常有怀疑，但只要来中国实际生活一段，他们就会对中国的经济发展心悦诚服。尤其是在改革开放前后都来过中国的人，这一点感受更强烈。他们根据的往往不是报纸上的统计数字，而是一些来自生活的经济指标。

英国《经济学家》杂志曾经提出过观察英国经济复苏的六项"民间指标"：第一，新车销售量大大增加；第二，司机需求量大大增加；第三，出现置业人潮（房地产热）；第四，赴海外度假者大大增加；第五，纯种狗和纯种狗主人同时增加；第六，女性做隆胸手术者与女性胸围尺码俱增。这些指标都是完全生活化的。如果经济没有复苏，有多少人有心情去买车、雇司机、买房、养纯种狗，或隆胸？经济好了，人们有能力了，也有这份闲心了，才有心去做这些奢侈的事。这些生活化的指标没有GDP那样具体而准确，但反映的经济状况不比那些干巴巴的统计数字更具体而鲜活吗？如果把这些指标用来观察我国的经济，这些年汽车和房地产销售热，养宠物的人增加，女性美容、整容者增加，不也是经济发展迅速的标志吗？无论你对统计数字有多少怀疑，当你看到路上的车水马龙，城市的高楼大厦和越来越时尚、漂亮的女性时，你不能不为这些年的经济发展所折服。

类似这样的生活化经济指标还有不少。

美联储前主席格林斯潘在评论美国经济增长时提出了一个GDP重量的指标。他讲美国20世纪90年代经济增长时，不是说GDP增长了几个百分点，而是说GDP变轻了。这就是说，过去组成GDP的主要是煤、钢铁、石油、水泥这些重量大的东西，现在主要是服务业、电脑、互联网这些重量轻，甚至没有重量的东西。GDP重量变轻主要有三个原因：一是GDP的组成变了，如劳务已在GDP中占到四分之三左右；二是物质产品的重量轻了，如现在的彩电、电脑比当初轻了许多；三是产品与劳务的科技含量高了，附加值也高了，如现在的机床安上了电脑成为数控机床，重量轻了，附加值高多了。GDP在增长的同时变轻了，正体现了现代经济增长的基本特点——以技术进步为主心以及产业结构的转变。用重量来衡量经济增长形象而富有说服力，这不正是一切经济的未来吗？

还有经济学家提出了衡量经济的垃圾指标（Trash indicator），用垃圾量的变动来衡量经济状况。这就是说，当经济繁荣时，人们扔的东西多了——过时的家具、衣服都被扔掉，人们购买的大件商品多了，这些商品的包装都成为垃圾。因此，垃圾量增加是经济繁荣的指标。当经济衰退时，人们无力购买新东西，新的不来，旧的不会去，不买大件东西，没什么包装可扔，垃圾当然少了。因此，垃圾减少是经济衰退的指标。美国经济学家约翰·凯尔曼根据芝加哥的资料对这个指标进行了检验。在 20 世纪 90 年代繁荣时，芝加哥每年垃圾增加 2% ～ 10%。但在 1999 ～ 2000 年的衰退时，大件垃圾（旧家具、电器和包装箱）只增加了 1%，而垃圾总量减少了 6%。经济好了，什么都成垃圾，经济不好，没什么垃圾可扔，这是老百姓每天都可以看到、感受到的，多么具体而有说服力啊！

最近还有经济学家提出"口红指标"，他们发现口红的销售量与经济状况是相关的。当经济繁荣时，口红销售量低，当经济衰退时，口红销量增加。其原因在于，当经济繁荣时，女性就业率高，工作节奏快，收入水平高。这样，她们或者忙于工作无暇化妆，或者工作成就使她们充满了自信，不必借助于口红这类化妆品。口红销售量少是正常的。但当经济衰退时，女性失业增加，收入下降。她们或者百无聊赖，沉溺于化妆，或者缺乏自信，以化妆弥补，更多的是为了找一份工作而打扮自己，企图以貌取胜。小小口红居然能反映经济状况，切莫小视之。

女性对经济状况的反应是敏感的，所以，女性时尚往往被作为经济指标。在 20 世纪 40 ～ 50 年代，裙子的长短就被作为判断股市和经济状况的指标之一。当时丝袜价格昂贵，是女士时尚物品。当经济繁荣，股市牛气时，男人有钱也有心情为女士买丝袜，女士就愿以短裙显示自己的丝袜和秀腿。当经济衰退，股市熊气时，男人无钱也无心情为女士买丝袜，女士就穿上了长裙。这种解释当时还被称为股市的"裙摆理论"。现在丝袜不值钱了，裙子长短与经济关系不大了，但口红、隆胸还与女士经济相关。

我们并不否认 GDP、通货膨胀率、就业率这些经济指标的重要性，这些指标仍然是我们研究经济的重要依据。但这些指标往往可以作假，有时也不能全面、真实地反映经济状况，有时它们与老百姓的现实生活离得较远。各种生活化的经济指标也会过于片面或模糊，但它们是我们可以感觉到的。如果把这两者结合起来，对经济会有更全面、具体、直接的了解，这不更好吗？正是在这种意义上，我们应该重视各种流行于民间的生活化经济指标，并把它们作为判断经济状况的依据之一。

工资决定与宏观经济

根据新古典经济学，工资由劳动市场供求关系决定，随供求变动而及时变动，即工资具有完全伸缩性。工资的调节使劳动市场实现充分就业的均衡，即市场是出清的。因此，经济中不会存在非自然失业。

但是，现实中的确存在非自愿失业，失业率高于自然失业率的情况经常存在。凯恩斯从有效需求不足的宏观角度解释了失业的原因，也指出了工资中能升不能降的刚性。凯恩斯没有把微观经济中工资决定的机制与宏观经济中的失业联系在一起，用前者去说明后者，这就是凯恩斯主义的宏观经济学缺乏微观基础。新凯恩斯主义者认识到这一点，用工资决定来解释失业问题。这就是黏性工资理论。

黏性工资指工资由劳动市场的供求关系决定，也随这种供求关系的变动而变动，但工资的变动慢于劳动供求关系的变动，黏性的意思就是变动慢。这种理论的关键在于解释工资为什么具有黏性。

工资具有黏性的一个重要原因是工资决定中的合约理论。这就是说，工资是由劳资双方之间的合约确定的。这种合约或者由工会代表工人与企业签订，或者是工人与企业之间一种双方承认的隐含合约。这种合约一般为期3年，在合约期内名义工资不随劳动市场供求关系变动而变动。工会和企业根据对劳动市场未来的变动及预期物价水平确定未来3年的名义工资，在3年之内这种名义工资不变。劳资双方都知道未来3年内劳动供求关系会发生变动，为什么还接受这种名义工资不变的合约呢？

在一个信息不完全的世界上，每个人都是风险厌恶者，想尽量减少风险，求得稳定。为了避免风险也就要放弃可能的收益。工人希望在未来3年内收入和就业稳定，以保证自己稳定的生活水平。如果未来3年中，劳动市场供大于求，有这种合约保证，他们的收入就不会减少。这就消除了风险。他们为此而付出的代价则是如果劳动市场供小于求也不能要求提高工资。企业也希望稳定。工资是成本的主要组成部分，只有工资稳定，成本才能稳定。企业为了消除劳动供小于求时工资增加、成本增加的风险，也要放弃劳动供大于求时可以降低工资的好处。工人和企业从消除风险求得稳定的愿望出发，都接受一定时期内名义工资固定化的合约。这样，在合约期内无论劳动供求关系如何变动，名义工资都不变。这就形成工资变动慢于劳动供求变动的黏性。这是工资决定的合约理论。

工资黏性的另一种解释是局内人——局外人理论。局内人指已在企业内工作的人，局外人是想进入企业工作的人。新工人进入企业，通常要由局内人进行培训。如果企业实行双重工资制，即向局内人支付高工资，向局外人支付低工资，而通过培训的局外人可以代替局内人。这时，局内人都会感到局外人的威胁，即如果局内人仍要在工资谈判中保护高工资，企业就会用低工资的局外人代替高工资的局内人。这样，局内人就会拒绝培训局外人。培训局外人无疑是培养自己的掘墓人。只有在企业为局外人支付与局内人同样的工资，局外人不是局内人的威胁时，局内人才与企业合作培训局外人。而且，企业也只有为已培训的局外人支付与局内人同样的工资，才不至于被其他企业挖走。企业为局内人与局外人支付同样的工资，这样，劳动供给增加，有局外人进入时，工资并不会减少，这就形成工资黏性。而且也使局外人进入不易，引起失业。

黏性工资的第三种解释是效率工资理论。效率工资是企业支付的高于劳动市场均衡工资的工资。效率工资可以使企业吸引更好的劳动力，提高工人的努力程度，减少工人流动，而提高企业效率。如果效率提高带来的好处大于支付工资的增加，对企业来说就是合适的。在现实中许多企业支付效率工资，而不支付市场供求决定的均衡工资，说明这种工资制度给企业带来的收益大于成本。效率工资是根据效率来确定工资水平的，而不是根据劳动市场的供求状况来决定工资的。这样，工资就不随劳动市场供求关系变动而变动，具有黏性。而且，在效率工资之下，企业尽量减少雇用工人，失业也会增加。

此外，最低工资制度和工会的存在也会引起工资黏性。在最低工资制下，无论劳动的供给如何大于需求，工资也不能降到最低工资之下。工会的存在也会阻止在劳动供大于求时工资的下降。同时，最低工资和工会也增加了失业。在最低工资时，找到工作的不熟练工人受到保护，但劳动需求减少，另一些不熟练工人找不到工作。在有工会时，工会会员受到保护，而非工会会员的失业会增加。

这些理论说明，在信息不完全和竞争不完全的劳动市场上，决定工资的不仅仅是劳动市场上的供求关系，而且还有各种制度因素。这些制度使工资并不随劳动供求关系的变动而及时变动。这种工资黏性引起了宏观经济中劳动市场不能出清，失业存在。由此看来，制度是重要的，减少失业也要从制度改革入手。

失业统计与国际接轨

几乎所有经济学家都认为,失业是我国当前的一个严重经济问题,但严重程度有多大,即失业率是多少,却众说纷纭。国内媒体报道的城市人口失业率低的为 1.9%,高者达 4%,而世界银行估算出的城市人口失业率为 10% 左右。到底哪一个数字接近现实呢?这就先要了解什么是失业,以及经济学家如何计算失业率。

联合国国际劳工局给失业者下的定义是:在一定年龄范围内,有工作能力、愿意工作,正在找工作但仍没有工作的人。各国根据自己的情况对这一定义进行了具体化。例如,美国把一定年龄范围界定为 16 ～ 65 岁,属于失业的人口包括:第一次进入劳动力市场或再次进入劳动力市场找工作,连续 4 周未找到者;企业临时辞退,但并未解职,随时等待召回,但一周未领到工资者;被企业解聘或自愿离职者。我国失业率的计算结果不同恐怕首先是对失业者的界定不同。例如,美国的第一种失业者在我国称为待业,第二种失业者称为下岗,都未计入失业之内,只有第三种人才作为失业。这样算出的结果当然与世界银行会有相当大差别。

在根据失业的定义计算失业率时,还涉及对人口的分类。在全部总人口中属于工作年龄内的人口称为工作年龄人口,它与总人口之比称为人口—工作年龄人口比，表明一国的成年人有多少。在工作年龄人口中，有一些人并不是劳动力，这部分人是没有劳动能力或不愿意工作者。例如，不能劳动的残疾人、在监狱服刑的人、全日制学校的学生、愿意从事家务活动不参加社会工作的家庭妇女等。这些人称为不在劳动力者。工作年龄人口中减去不在劳动力者是劳动力。劳动力与工作年龄人口之比称为劳动力参工率。劳动力分为就业人口与失业人口。失业率是失业人口与劳动力之比。

我们可以用一个数字例子来说明这些关系。假定一国总人口为 1 亿人，其中 16 ～ 65 岁者为 8000 万人，即工作年龄人口为 8000 万人，人口—工作年龄人口比为 0.8。在这 8000 万人中，假设不在劳动力者为 2000 万人，即劳动力为 6000 万人，劳动力参工率为 0.75。在劳动力中就业人口为 5400 万人，失业人口为 600 万人，失业率就是 10%。

从以上的论述来看，失业率并不难计算，但实际上，在各国统计失业率都是一件困难的事。这就在于如何界定失业者并不容易。首先，在有工作能力和愿望的人中有一些人由于寻找工作屡找屡败，已放弃了找工作的努力，这些人被称为丧失信心的工人。他们放弃找工作而被作为退出劳动力队伍，不作为失业者，但实际他们只要能找到工作仍然愿意工作。不把这些人作为失业者缩小了实际失业人数。

其次，部分时间工作者（打零工者）并不算在失业者之内，但他们也希望得到并在寻找全职工作。不把这部分人计入失业者，也缩小了实际失业人数。

最后，算入失业者的人中有些实际上从事地下经济的工作，或者本不想工作，登记为失业仅仅是为了得到失业津贴，这又扩大了失业者人数。

失业率估算对了解一国宏观经济状况、制定经济政策都是十分重要的。各国都确定了不同的计算方法。例如，美国劳工统计局（BLS）根据具体情况，确定了 7 个失业率统计标准。u1 为长期失业率，失业人数指失业在 13 周以上的人；u2 为失去工作的失业率，失业人数指所有失去工作（无论什么原因）的人；u3 为成人失业率，失业人数指 25 周以上失去工作的人；u4

为全职工作失业率，失业人数指没有并正在寻找全职工作的人；u5 为通常的失业率，失业人数指符合国际劳工局三个条件的人；u6 指包括一半部分工作者的失业率，失业人数要包括二分之一目前从事部分时间工作的人；u7 指包括丧失信心的工人的失业率，失业人数中包括丧失信心的工人。在这七种失业率中，u1 最低，u7 最高，两者差额在 10% 左右。u5 为一般所说的失业率。这不同的失业率有助于政府更全面地了解经济中的失业状况并采取相应对策。

此外，各国还统计不同劳动者群体的失业率。这就是说，可以按劳动者年龄、性别、种族和文化程度等因素把劳动分为不同群体来计算各个群体的失业率。这有助于了解失业与各种因素的关系，寻找失业的原因，制定降低失业的政策。例如，美国失业率最高的群体是黑人中低文化的青年妇女，降低这些人的失业率对减少失业至关重要。因此，在就业法中规定反对种族和性别歧视，在就业政策中免费向这些人提供职业培训就是重要的。

自然失业率是指实现了充分就业时的失业率。当经济中消灭了周期性失业，而所有失业都为难以克服的原因引起的自然失业时，失业率就是自然失业率。确定自然失业率对判断一个经济是否实现了充分就业极为重要。

回到我们开头所提到的问题。我国失业统计中不同的结论，原因在于没有明确界定劳动者、就业者与失业者，没有一套失业统计指标体系，也缺乏定期地收集资料的科学统计方法。看来在失业统计上还要与国际接轨。这也是我国加入 WTO 所要求的。

学校的规模收益递减

· · · · · · · · · · · ·

曾到成都，所见之人十有六七均为当地某一师大毕业生。我惊讶该校毕业生何以如此之多。一位该校老毕业生告诉我，如今该校在成都有近四万人之多，且在省内每个地方都有分院，其学生数已不可估。

仅仅数年就由一所并不大的学校，"爆玉米花式"地发展到在世界上也堪称数量一流的学校，效益会如何呢？

任何一个组织，无论企业、学校，无论规模大的、小的，判断的标准是效益。不过企业与学校的效益标准并不一样。对企业而言，效益的标准是利润。只要规模扩大，效率提高，竞争力增强，利润增加了，就可以称为规模收益递增了。但判断学校规模扩大效益的标准不能是利润，只能是培养的学生质量和学术水平。应该明白的是，市场经济并不是一切都由钱引导的，利润并不是所有组织的判断标准。如果像学校和医院这样的组织都把利润作为判断标准，灵魂工程师和白衣天使都以追逐金钱为动机，市场经济对社会而言就是祸而不是福了。

成都的这所大学规模迅速扩张之后，效益如何呢？这所大学的收入迅速增加了，房子盖得也多了，校园更美了。总之，一切硬件都"鸟枪换炮"了。但梅贻琦先生早就指出，大学并不是有大楼者，大学应该是有大师者。当然，对于这类地方性院校，不能要求出多少陈寅恪、王国维这样的大师。但大学应该培养出高素质的学生，应该有一种文化传统，应该有学术成果。说到这些，那位该校的老校友面有愧色。他说，这所大学过去在国内学术水平算不上高，但学风颇严谨，老师教学认真，在文理基础专业上师资实力不弱，培养出的学生水平也不低。如今呢？根据他对学弟学妹们的了解，总体水平"今不如昔"，许多毕业生从事的是并不需要大学学历的工作。

我想这种状况就是经济学上所说的规模收益递减。企业是可以迅速扩张的。那些规模庞大而效益好的企业都会经历一个迅速成长的阶段。但大学不能采取这种模式。像海尔、长虹这样的企业可以在 10 年，甚至更短时间内成为庞然大物，但大学却难以做到。这就在于大学有自己的特点。

梅贻琦先生称大学为有大师者。我理解这里所说的大师不仅仅是指陈寅恪、王国维这样顶尖级的学术大师，还应该包括所有教师。一支优秀的教师队伍是一个大学成功的关键。这些教师的学术水平也许并不是个个都出类拔萃的，但他们应具有相当的学术水平、严守职业道德，并认真进行教学和研究工作。有这样的教师队伍才可以培养出优秀的学生，学校才有效益。学校的效益并不是学校赚了多少钱，而是为社会培养出了多少人才。

大学难以迅速扩张就在于不可能在短期内以几何级数来扩大这支合格的教师队伍。从学校刚毕业的学生，无论从什么学校毕业，拿过什么学位，要成为一名合格或优秀的教师，必须有一个过程。大学规模迅速扩大，教师数量急剧增加，质量就难以保证了。据说这所学校有的分校一次招进 15 名博士，马上进入教学第一线。这能不让人担心教学质量吗？

与所有大学一样，这所大学的扩张也是沿着两条线：一条是扩大到各种专业，另一条是大办分院。在我看来，这都是规模收益递减之路。办一个新专业完全不同于增加一条生产线。没有相应的师资、设备、资料，新专业如何保证质量？如今的大学都追求专业的多而全。但即使那些过去的名校，新增的专业有多少得到社会认可？四川的这所大学，本以师范为主，专业为传统的文理科，在扩张中，不仅有财经政法，还有电视制作这类专业要求相当高的系科。而且，这些热门专业的学生远远超过已不被人看好的传统专业。

学校迅速扩大要求校区范围扩大，于是就在各地办分院。分院没有原来的那种传统文化气氛，没有新老学生之间的传帮带，没有像样的图书馆和设备，甚至老师也是上完课就走，缺少与学生之间的交流。一个刚刚进入大学的学生，缺少了这种大学的传统和气氛，被放在一个甚至无人过问的地方，如何迅速适应大学生活，成为社会所需要的人才？我与一些其他学校分院的学生交谈过，他们对分院的环境都甚感失望，称自己是"没娘的孩子"。

我写这篇文章对成都这所大学绝无他意。这所大学只是全国几乎所有扩张中大学的一个例子。我只是希望这种高校扩张的势头能得到制止，既然已经扩大，就应在提高质量上下功夫。不意回到北京，看到的一条消息就是北京20余所名校要在郊区大办分校。据称还是为了满足"人民对名校的需求"。不过我想，人家想进的还是真正的名校，不会是挂着名校牌子的学校。说这种做法"挂羊头卖狗肉"有辱斯文，不过说"盛名之下其实难副"并不过分。

高校不必成本核算

• • • • • • • • •

在对高校收费高的指责中，有一种声音是要求高校拿出成本核算，实行透明收费。高校尽管拿不出成本核算，也声称自己经费紧张，表明收费低于成本。其实在高等教育中，收费是否合理与培养学生的成本无关，争论的双方纠缠于高校的成本是用一个伪问题把高校收费标准引向邪路。

高校收费与成本无关的根本原因在于，高校不是以利润最大化为目标的企业，高等教育也不是与制造业一样的产业。从事产业活动的企业应该有精确的成本核算，把成本作为定价的基本依据之一，并根据收益减去成本之后的利润来衡量经营状况。但高校与这种企业完全不同。它也要提高管理效率、降低成本，但这样做绝不是要根据成本收费，或者用营利来衡量高校的好坏。

在任何一个国家中，都没有把教育作为赚钱的产业的。教育的唯一任务是提高整个国家的文化水平和全民族的文化素质，为社会培养人才。学校不是把学生作为产品来出卖，而是向社会无偿地输送人才。学校培养出的学生对社会的贡献就是学校的收益。这种收益当然无法用金钱来衡量。

学校培养人才需要资金和其他投入，钱从哪里来呢？各国的做法不尽相同。在科威特、阿联酋、沙特阿拉伯这些极富有的产油国家，一切教育都是由国家包下来的，不向学生收取一分钱费用。在改革前的社会主义各国，尽管并没有那么富裕，但也是免费提供一切教育。我就是在这种免费教育体制下上完大学的。至今公众还很怀念这种由国家"埋单"的教育体制。

在绝大多数国家，把教育分为义务教育和非义务教育。中小学为义务教育。根据学者研究，从中小学教育中获益最大的不是个人，而是社会。因为当所有的人都受过这种教育时，个人在劳动市场上就没有从教育中获得比较优势，从而无法以高收入的形式获得收益。但全民都受过中小学教育是经济起飞的基础，也是一个民族提高文化和道德修养的基础。美国、欧洲、日本这些发达国家在经济起飞时，受过中小学教育的成人达70%以上。社会获得收益的中小学教育，要由政府付费，教育成为政府向社会提供的具有极大正外部性的公共物品之一。所以，一个国家无论多穷都应该实行免费而又带强制性的中小学义务教育。

高中以上的教育属于非义务教育。这种教育对于一国的经济发展和文化素质提高当然也是极为有益的。但由于能够接受这种教育的毕竟是少数人或一部分人，这些人在劳动市场上就有比较优势，可以以高收入的形式获得这种教育的部分好处。个人支付一部分费用天经地义。而且，任何一个政府的资源总是有限的，也没有承担全部非义务教育费用的能力。大学教育收取一定费用是合理的。

应该注意的是，我们承认大学教育收费的合理性，并不是说接受大学教育的人要全部承担所有费用，因为大学教育的全部收益并不全由个人获得，社会也获得了这种教育的收益，甚至还是绝大部分收益。无论是私立大学还是公立大学，其经费都不可能全部来自学生的学费。公立大学经费主要来自政府财政（在美国是州财政），其次来自社会捐助、学校的营利性经营（如把资金投资于各个领域）以及学生交纳的学费。私立大学经营主要来自社会捐助、学校的营利性经营和学费，但也有政府拨款。即使在私立大学，来自学费的经费也不会超过所需经费的三分之一。私立大学学费高一些，但绝非按成本向学生收费。公立大学也收学费，无非比私立大学低一些而已。

大学的学费与学生将来的预期收入相关。例如，美国MBA、医学、法学这类专业的学生毕业后收入都较高，因此，收的学费也高。但大学收费绝不是仅仅根据预期收入收费。通常是根据居民的承受能力，即平均收入水平来确定收费标准。此外，不同的学校（名牌与非名牌）、不同的专业，收费标准也不同。这后两者则与预期收入相关。在实行收费的同时，为了使低收入家庭的学生也上得起大学，甚至上得起名牌大学的热门专业，就有各种措施。例如，提供低息贷款、设立各种奖学金、助学金，为学生提供勤工俭学的机会，等等。

中国的高校由免费教育转向收费教育与整个社会向市场经济转型是一致的。在经济尚不发达的现实情况下，高等教育不可能回到计划经济的免费教育。但高校的经营与发展绝不能全靠收费。在以公立大学为主体的情况下，政府仍应该承担主要责任。其次还应该更多引导富起来的人资助教育。而且，收费的标准不是培养学生的成本，而应该是居民的承受能力。从这种意义上说，高校计算培养每一个学生的培养成本就没有意义。我们指责高校收费高不是指收费超过成本，而是指收费超出了现阶段居民的承受能力。高校的收费改革不是计算出成本，明码收费，而是根据居民收入水平确定一个让大多数家庭可以承受的收费标准。

把成本定价原则用于高校收费是教育产业化的流毒。教育产业化是高校发展的大敌。

经济学家不预测股市

到各地去讲课、讲座，或参加研讨会，听众最多的问题是牛市会持续多长时间？什么时候会达到 7000 点？应该选什么股？牛市什么时候会成为熊市？下跌的底线是多少？等等。总之是让我预测股市未来的。

对此，我的回答是，严肃的经济学者都不预测股市，谁预测股市，谁就会倒霉。美国最著名的经济学家阿尔文·费雪就是一个榜样。费雪从耶鲁大学数学系获得了该校第一个经济学博士。他的《货币的购买力》被认为是货币数量论的奠基之作，对指数的编制等经济学基础理论也有重大贡献。同时，他发明了一种索引卡片系统，并创办了自己的公司。赚钱后又与竞争对手合开了雷明德·兰德公司。他出售了部分产权，成为百万富翁，有了配备司机的大型林肯轿车。学术和财富的双成功使他自视甚高。这种身份使他一度成为"华尔街先知"，成为今天所说的股市"带头大哥"，他对股市的预测引导着舆论的方向，左右了千百万人的投资决策。

那时的华尔街像今天的中国股市一样火爆。股市到火爆顶点，全民卷入股市。人们指责地铁公司没有在车上安装炒股用的电传打字电报机。波士顿一家工厂，每个车间都有一块大黑板，每小时更换股市行情。得克萨斯州的牧场上，牛仔们通过高音喇叭收听股市消息。乘客坐出租车与司机讨论股市，连宾馆门口擦皮鞋的小童也会向顾客介绍当天的热门股。这时，费雪也和其他人一样发疯，认为股市高涨是美国经济长期繁荣"新时代"的反映。他不仅持有兰德公司股票，而且还买了大量小盘成长股票，其股票市值达 1000 万美元。就在股市崩盘之前，他仍认为，美联储会采取有效措施，政府会托股市。他告诉股民，要相信"前景是光明的，股票将在一个高水平上稳定下来"。结果股市大跌，一天之内从 386 点跌到 298 点。一天下跌了 22%，为纽约证交所 112 年以来从未出现过的。费雪的错误预测害了别人，也害了自己，直到临死时，他仍有 75 万美元的债务。在这次股市中做出错误预测，蒙受损失的还有另一位著名经济学家凯恩斯。

连这样大牌的经济学家都做出了错误的预测，何况我们这些连"家"也够不上的人呢？

股市之所以难以预测，是因为影响股市的因素太多，也太复杂了。在信息不对称的市场上，没有任何一个人能及时掌握这些信息，也没有任何一个经济预测模型能把这些影响股市的因素包括进去。经济学家也提出了许多分析、预测股市的理论，但没有一个经得起考验的。我只相信一种股市理论——随机行走理论。"随机行走"，顾名思义，就是随便走来走去。这种理论的含义就是指一种经济变量（包括股市价格）变动的路径是不可预期的。连路径都不可预期，何况在何时上升或下跌，会持续多长，最高点或最低点是多少呢？美国股市大崩盘已经过去很多年了，但到底是什么因素引起股市崩盘，至今仍在争论之中。今天影响股市的因素比那时复杂得多，又缺乏有费雪、凯恩斯这样学术水平的人，谁还敢预测股市呢？

当然，预测股市的人还是很多的。在股市火爆的今天，预测股市的断言也经常出现在媒体或网络上。这些人大体有三种情况：一是曾经在股市上成功过，赚了或多或少的钱，自己以股市专家自居，也得到一些人的信任。二是在股市上有利益的人。或者是受利益集团利用，为这种集团服务获取最高报酬，或者是自己买了某股票，希望别人也进入，把股价炒上去，或者是以分析股市为名进行诈骗。三是一些什么也不懂，却什么都敢说的人，或者我们常说的"无知者最无畏"。这些人的话也并不全错，但即使对了，也是"瞎猫碰上死耗子"，不足为奇。真正严肃的经济学家是很少大胆预测股市的。听信在股市上略有成功的"带头大哥"的预测，每天听股评人头头是道的股市分析，总免不了上当受骗交学费。

股市是不确定的，有风险的。股市的暴利正来自这种不确定性和风险。当然，有获得暴利的人，也必然有惨败的人。从某种意义上说，投入股市炒股有投机的性质。成功与否不取决于经济学分析或预测，在于一种感觉或运气。如果哪个股市成功的人向你传经送宝，告诉你致富之路，或者如果哪个非常著名的经济学家在媒体上发表了什么高见，或做出了什么预测，你千万别相信。既然进入了股市，就只好"跟着感觉走，紧握着梦的手"，搏击一把，赢了算你走运，赔了只好自认倒霉。胜败乃兵家常事，有了这种心态，就可以或输或赢潇洒走一回。经济学家是怎么说的，千万别当回事。

经济预测不是算卦

. . . .

吉米·卡特任美国总统时美国经济状况颇糟，竞选中败给了里根。当记者问他，他的经济顾问有什么作用时，他说，这些经济顾问作的预测连他家乡算卦先生算的卦还不如。不管他这话有什么情绪，经济预测与算卦的确大有不同。

算卦是什么？说得好一点，它是揣摩人的心理，或迎合讨好，或故作惊人。这些话，好也好，不好也好，都没有什么根据，也无法证实或证伪。经济预测是什么？是根据已掌握的经济规律（总结成理论）和相关信息，对未来经济状况或走势作预期。这两者本来是风马牛不相及的，但让我想起卡特这话的是今天仍有些经济学家的预测采用了算卦的方法，结论连算出的卦都不如。

国人爱听好话，算卦者大多迎合这种心理，告诉你红运高照，或者要发大财，或者有高官等你去做。闻者大悦，算卦者得点小钱。这样的经济预测比比皆是。例如，预言什么时候中国可以超过美国成为世界老大；或者不用多少年就可以实现超英赶美的梦想；或者亚元将出现，人民币成为中心；或者股市要冲上 5000 点之类。有人听了这类话颇为龙心大悦，这些人也有或实或虚的些许好处。经济学到了这个地步，不说御用又能说什么呢？

算卦多少还是能给人带来一点精神安慰的。给求卦者一个发财或升官的梦，能让他兴奋好几天，实现不了也没什么大害处。可是经济预测就不同了。经济预测是制定经济政策的重要依据。按着超英赶美的预测去确定经济政策，经济不过热才怪。高烧又不能持续，等发起冷时，岂不又是一次大灾难？

经济学家预测未来经济走势不应该根据什么人的爱好，而应该根据理论和信息。在国外，经济学家编制了计量经济模型来预测经济，其可靠性远远高于算卦式的预言。20 世纪 80 年代后期，印度裔美国经济学家莱维·巴特拉作了一个惊世骇俗的预言，90 年代美国和世界将发生 30 年代那样的大萧条，并把他的预言写成《1990 年大萧条》一书。此书出版后颇有轰动效应，发行量超过 25 万册，并在《纽约时报》的非小说类畅销书中被列为第三位。但这种预测在我看来缺乏可靠的依据，起作用的还是对资本主义经济制度持否定态度的意识形态。所收集的资料支离破碎，可以用来"六经注我"，却不足以得出什么有意义的结论。

另一位美国经济学家克莱因也在那时预测 20 世纪 90 年代美国和世界的经济走势。但他依据的是大型计量经济模型。他主持建立了大型计量经济的"林克（Link）模型"。该模型是世界经济模型，把世界上 100 多个国家的各种参数联系在一起，用于预测经济走势。克莱因根据这个模型得出的结论是：90 年代美国和世界经济绝不会出现大萧条，相反，会在稳定中增长，增长率为每年 2% ~ 3%。90 年代的事实已证明了这种预测是基本正确的。也许具体的增长率不那么准确，但大方向是正确的。不像巴特拉那样，把方向都搞反了。

经济预测是一件非常难的事情，其难度并不亚于给人的未来算卦，出现错误的预测并不奇怪。1994 年，美国经济学家克鲁格曼曾准确预言了 1997 年亚洲金融危机，但他对 90 年代的美国经济却作了错误的预期。他把 90 年代称为"预期衰退的年代"，结果这却是美国经济史上繁荣时间最长的年代。但这无损于他的名声，他仍然作为优秀的青年经济学家（40岁以下）获得了有小诺贝尔奖之称的"克拉克奖"。

无论经济预测是对或错，我们还是需要经济预测的。问题在于如何改进经济预测，使它尽量能接近未来的实际。经济预测最重要的还不在于信息或技术手段，而在于态度，进行经济预测的人或机构不能带着算卦者的心态，总揣摩上司的意图，以达到讨好的目的；也不能意识形态先行，是为了证明什么。经济学讲究抛弃价值判断的实证分析，在经济预测这个问题上，这一点特别重要。经济预测不是算卦的含义，首先就在这种态度上。

经济预测与算卦的另一个重要差别就在于前者是有依据的，后者是胡说。经济预测的依据首先是理论。理论是对经济规律的认识，也是对各种经济变量之间关系的阐述。所依据的不能是空洞无用的理论，而是经过验证的理论。经济预测时通常是用计量经济模型表述理论。计量经济模型要得出有意义的预测结论，必须输入各种实际数据。经济模型再正确，输进去的数据不对，结论也不可能正确。统计资料要反映真实情况，不能是为政治或别的什么服务。理论和数据是经济预测的依据。

算卦是一次性的，骗完你就永别了。但经济预测要经常进行调整。各种经济变量总在变动，还有许多难以预料的随机变量，以不变应万变的经济预测与算卦一样毫无意义。

实事求是的态度是结论在调查之后，而不是用调查证明什么结论。这一点不适用于算卦，但适用于经济预测。

物价水平与总需求

．．．．．．．．．．

近几年来，许多物品出现了过剩，人们更多地关心起总需求来，政府一再用各种方法拉动内需。经济学家认为，在短期中对宏观经济状况影响大的还是总需求。因此，在学习宏观经济学时，总需求是一个重要的概念。

总需求是经济中对物品与劳务需求的总和，包括消费需求、投资需求、政府需求和净出口（出口减进口）需求。政府需求是由政府的政策人为地决定的，而其他需求在相当大程度上是经济中各种因素自发发生作用的结果。影响消费、投资和净出口的因素都不同，但我们在把总需求作为一个总体概念时，考虑的是总需求与物价水平之间的关系，经济学家把这种关系称为总需求曲线。在纵轴为物价水平、横轴为总需求的图中，总需求曲线向右下方倾斜，表示总需求与物价水平反方向变动。即物价水平上升，总需求减少；物价水平下降，总需求增加。其原因何在呢？

我们先来看消费需求。消费取决于收入，也取决于财产。如果用货币来表示财产就是名义财产，如果用货币的购买力来表示财产就是实际财产。或者说名义财产除以物价水平则是实际财产。比如，你有财产 100 万元，当物价水平是 100% 时，你的实际财产也是 100 万元；当物价水平上升为 200% 时，你的名义财产没变，但实际财产却变为 50 万元。人们关心的是实际财产，所以，影响消费需求的不是名义财产而是实际财产。

物价变动，实际财产变动，消费也在变动。如果物价水平上升，人们的实际财产减少，消费减少，总需求减少。这样，物价水平就通过对实际财产的影响而影响总需求。这种影响称为实际财产效应，由英国经济学家庇古提出，亦称为庇古效应。

再来看投资需求。投资取决于利率，而货币量的变动要影响利率。影响利率的是实际货币量，即名义货币量除以物价水平的货币量。利率取决于实际货币量的供求，当货币需求为既定时，也就取决于实际货币供给量。在名义货币量不变的情况下，如果物价水平上升，实际货币量减少，这就引起利率上升。利率上升则投资减少，总需求减少。这样，物价水平就通过对利率的影响而影响总需求。这种影响称为利率效应，由英国经济学家凯恩斯提出，称为凯恩斯效应。

在开放经济中，物价变动引起的利率变动不仅影响投资，而且还通过汇率变动而影响出口，从而影响净出口。这就是说，开放经济中，当一国物价上升，实际货币量减少，利率上升，高于世界利率水平时，国外资本流入。外资的流入就是在一国进行投资（直接投资或购买股票、债券、不动产等），这样，这些外资就要兑换为该国货币。在该国外汇市场上，对本国货币的需求增加，从而汇率上升。汇率上升使该国物品在世界市场上的相对价格上升，从而竞争力减弱，出口减少。物价上升引起的利率与汇率上升使出口减少称为汇率效应，由英国经济学家弗莱明和加拿大经济学家芒德尔提出，称为弗莱明—芒德尔汇率效应。

在总需求组成部分的消费、投资和净出口中，消费是稳定的，净出口占的比例并不大，投资的比例尽管远远低于消费，但波动大。所以，引起总需求变动的关键是投资。引起投资变动的是利率，在影响总需求的三种效应中，经济学家最重视的是凯恩斯效应。

由以上分析来看，物价水平变动影响总需求是无疑的。但有不少人把这种理论运用于分析现实问题时产生了疑问：我国这几年物价水平低迷，为什么总需求还不足呢？

首先，我们要记住，经济学中的任何一种理论都是以一定的假设为前提的。假设就是理论适用的条件。如果所假设的条件不存在或改变，这种理论就不适用。在分析总需求与物价水平的关系时，也是假设影响总需求的其他因素不变的。如果这个假设条件不存在或有些条件不具备，这种分析就要重新考虑。例如，我们分析投资时仅仅注意利率与投资之间的关系，其实影响投资的还有 GDP 的水平与增长率，人们对未来的预期等因素。我们是在假设其他因素不变的情况下说明利率与投资的反方向变动关系的。但如果其他因素变动，情况则不一样。比如，当 GDP 迅速增加或人们对未来的信心大增时，即使利率不变，投资也会增加，甚至利率上升，投资仍然增加。经济学家用总需求曲线的移动来表示这种情况。例如，物价与利率不变，投资由于其他因素增加，就使整个总需求曲线向右移动。现实中我国物价水平低迷而总需求仍然不足，主要是由于这些因素引起的。

其次，这一理论适用的有些条件我国并不存在。例如，我国资本市场没有放开，实行固定汇率和外汇管制，这时汇率效应实际上并不存在。物价下降并不能使汇率下降，当东南亚国家汇率贬值，而我国不贬值时，反而使我国出口减少了。

最后，我国现在存在的总需求不足是相对于总供给而言的。这就是说，总供给中的结构不合理，引起某些产品过剩。这不是总需求的问题，而是总供给的问题。仅仅增加总需求解决不了这种结构性不平衡。

理论是对复杂现实生活的抽象。要用理论来解释现实经济现象、解决现实问题，切忌教条式地照搬。针对具体问题进行具体分析是学好经济学的关键。

物价水平与总供给
• • • • • • • • •

经济学家曾经最关注的是总需求。但后来石油价格暴涨引起的供给推动通货膨胀，以及由此产生的高失业、高通胀并存的滞胀，使人们开始关注总供给。这就是说，在短期中，影响宏观经济的不仅有总需求，还有总供给。

总供给是经济中所生产的产品与劳务的总和。但分析总供给时重要的是区分长期与短期总供给。总供给曲线也是指总供给与物价水平之间的关系，但在长期与短期中，这种关系不同。

在长期中，经济的总供给是由其制度、资源和技术状况决定的潜在GDP。制度、资源和技术与物价水平之间并没有直接的关系，因此，长期总供给与物价水平无关。在横轴为总供给、纵轴为物价水平的图中，长期总供给曲线是一条垂线，即无论物价水平如何变，长期总供给是不变的。在图中长期总供给曲线的位置是由资源和技术状况决定的，随着资源增加和技术进步，长期总供给曲线平行向右移动。

与物价水平相关的是短期总供给。短期总供给曲线向右上方倾斜，表示在短期中，总供给与物价水平同方向变动，即物价上升，总供给增加；物价下降，总供给减少。当然，短期总供给也不能随物价水平上升无限增加，因为资源是有限的。总供给增加到一定程度，必然会受资源的制约而不随物价上升而增加。这时短期总供给曲线也变得垂直了。分析短期总供给，关键是要说明，为什么总供给与物价水平同方向变动？

对短期总供给与物价水平之间的这种关系有三种解释：黏性工资、黏性价格和错觉理论。

黏性工资理论根据了凯恩斯及其追随者对名义工资调整缓慢的解释。这就是说，工人的名义工资是由劳资双方为期3年的合约确定的。在合约期内，这种名义工资并不随劳动供求关系的变动而变动，即名义工资是黏性的。在工人与企业进行工资谈判时，双方根据的是未来预期的物价水平，这种预期的物价水平为双方认可，成为决定名义工资的基础。如果3年中实际物价水平高于预期的水平，那么，名义工资除以物价水平得出的实际工资水平就下降了。实际工资下降意味着实际成本下降，以及企业实际利润增加。这时企业的反应是增雇工人，增加生产，于是总供给就增加了。

黏性价格理论根据了新凯恩斯主义者对价格调整缓慢的解释。这就是说，商品的价格调节也并不随商品供求关系的变动而及时变动，即价格是黏性的。这是因为企业调整价格是有成本的，这种成本类似于饭店改变价格时需要重印菜单的成本，称为菜单成本。由于有菜单成本，企业根据预期物价水平，确定自己在一段时期内的价格，一旦决定之后并不根据供求关系的变动而及时调整价格。当整个经济的物价水平上升之后，总有一些企业并不改变自己的价格，从而这些企业的相对价格下降，产品销售增加，这就刺激企业增加生产，总供给增加。

错觉理论是新古典宏观经济学家的解释。这种理论认为，物价水平的变动会暂时误导企业对自己出售产品的市场发生的变动产生错觉。这就是说，当物价水平上升高于企业预期的水平时，他们可能只注意自己产品的物价上升，而没有关注整个物价水平的情况，从而认为自己的相对价格上升了，并对此作增加生产的反应，这样总供给就增加了。

这三种理论对总供给与物价水平之间的关系作了共同的解释：当物价

水平背离人们的预期水平时，总供给就背离其自然率。物价水平上升到高于预期水平时，总供给增加，高于自然率水平；物价水平下降到低于预期水平时，总供给减少，低于自然率水平。这样，总供给与物价水平同方向变动。只有在长期中人们预期的物价水平与实际水平一致，工资与价格没有黏性，错觉不会发生，总供给与物价水平才没有关系。经济学家们争论这三个原因哪一个更重要，事实上可能它们都在发生作用。

短期总供给曲线也会移动。在长期中，当资源增加，技术进步，长期总供给增加，长期总供给曲线向右移动时，短期总供给曲线也向右移动，表示在短期中，当物价水平不变时，总供给也增加了。

在短期中，如果工资成本或其他成本增加，总供给曲线向上方移动，表示在物价不变时，总供给减少；反之，如果工资成本或其他成本减少，总供给曲线向下方移动，表示在物价不变时，总供给增加。引起这种短期总供给曲线移动的往往是外部冲击。例如，石油价格上升使成本增加，短期总供给曲线向上方移动，在物价水平不变时，总供给减少。石油危机正引起了这种变动。

如前所述，在短期中引起宏观经济状况变动的原因既可能是总需求，也可能是总供给。我们介绍总需求曲线和总供给曲线是为了建立一个总需求—总供给模型，说明各种事件的变动如何通过对总需求和总供给的影响来影响宏观经济。

第三课
钱包里翻出经济学

输得起才进股市

在外地讲课，经常有人告诉我，他们的父母辛苦了一辈子，下岗前得到了几万元买断工龄费。当时社会上盛传某某人在股市如何发财，于是他们也把钱投入了股市。现在股市低迷，被"套牢"了。眼看几万元钱要打水漂，该怎么办？

我无言以对。"逝者如斯夫"，过去的事无可挽回。对于有几个闲钱，想进股市的人，我倒有几句话说。

股市是一个高风险、高收益的投资场所，并不是人人都适于在这个市场上"牛刀小试"。经济学家把人分为两类。一种是风险厌恶者。绝大多数人都属于这种情况。对这类人来说，得到同样的钱带来的效用要小于失去同样的钱带来的痛苦。这是因为钱带来的边际效用，即多增加 1 元钱所带来的效用是递减的。举个例子说，你现在有 1000 元，你丢了 1 元钱，即第 1000元带来的边际效用，要大于第 1001 元，即增加 1 元钱所带来的边际效用。边际效用递减就是第 1001 元所增加的效用要小于第 1000 元。用在股票市场上，就是你承担风险损失的 1000 元的边际效用要大于你为此赚到的 1000 元的边际效用。

这样说也许太抽象了。回到我们开头的例子。我们把股市上赚到的和失去的钱的边际效用作为对入市者生活的影响，以及由此给他带来的幸福和痛苦。对一个并不富裕的下岗工人而言，在股市上增加 1000 元收入所带来的生活状况改善要小于损失 1000 元收入所带来的生活状况恶化。因为增加 1000 元收入对生活是"锦上添花"，换一台新彩电，或添置一些时尚的衣服。但损失 1000 元却要影响到基本生活，是"雪中减炭"，或者孩子的学费没有了，或者有病不敢去看。你想想这 1000 元带来的痛苦是不是要大于幸福？增加或减少同样一笔钱给一般人带来的幸福或痛苦并不同，痛苦总大于幸福。所以，一般人都是风险厌恶者，即宁可保险一点儿少冒险，也不会为了多一点儿收入去冒险。这就是我劝一般百姓入股市要谨慎的原因。对于只有点儿保命钱的下岗工人而言，更是如此。

那么，谁进股市呢？还有另一类人属于风险喜好者，即爱冒风险的人。我又把这类人分为两种。一种是天性就爱冒险，觉得刺激。比如玩极限运动的人。说起来玩极限运动万一出事就是丧生或残疾，这个代价比一时的刺激要大得多。但他们就是爱玩，死也不在乎。这是人的一种天性。这种人进股市有点"赌"的意思，玩一把，赢了大富大贵，输了一无所有，甚至欠了债也心甘情愿。这种人在心理上输得起，我们讲的输与赚同样钱的边际效用不同的理论不适用于他们。另一种人是有钱的人。他的钱多，边际效用甚小，损失点儿也无所谓。或者说，损失点儿钱也不会影响他们的正常生活。拿点儿钱到股市上就当是玩一把，输赢都无所谓。这种人在经济上输得起，心理上也输得起。不像普通百姓那样，一看股市下跌，心理上都承受不了。这两种人都可以入股市。风险喜好者可以入股市搏击。玩的就是股市上下波动那种心跳的感觉。

当然，我在这里说的不包括公款炒股者。他们玩的是公款，赚了自己有好处，输了也无所谓。这就是玩别人的钱不心跳。经济学所有的分析都不适用这些人。因为经济学分析的前提是产权明晰，用自己的钱才有得与失的考虑。

劝大家进入股市要谨慎另一个重要的原因是中国股市太不规范了。在美国这样较为成熟的股市上，风险与收益是并存的。从近十年的情况看，银行存款几乎无风险，年均收益率为3%，股市风险大，年均收益率为17%。所以美国成年人中几乎有一半以上的人进了股市。

中国的股市不正常首先在它的表现上。按经济学的规律，股市波动与经济状况是同方向的。这就是说，经济增长迅速，股市通常是牛市，经济增长放慢或停滞，股市才是熊市。中国这些年每年经济增长都在10%左右或更多，但股市却以"熊市"为主。这种情况大概在其他国家并不多见。

这其中的原因自然是多方面的。首先是当年股市开始时就有问题。最早上市的不少是濒临破产的国有企业。它们的经营状况本来很差，但却是"包装上市"。许多人并不知情，加上炒作，这些烂企业的股价反而一翻再翻。这种股价暴涨又促成一种投机心理。于是，股市火爆得不得了。但这属于典型的股市泡沫，或非理性繁荣。一旦大家知道了真相，泡沫破裂。人们对股市和那些上市企业失去信心，这股市就一蹶不振了。这些年，经营好的企业到美国纽约、中国香港、新加坡等海外市场上市去了，留在国内的，无论国企或民企，问题都不少。谁还买这些企业的股票？股市不"熊"才怪。

其次，我们的股民也太不成熟。市场经济把压抑多年的金钱欲释放出来了，再加上舆论"向钱看"的引导，"快发财，发大财"成为一种普遍心态。媒体又不断报道某某人如何在股市暴富。于是人们不顾一切进入了股市。这么多人进入，股票价格就炒上去了，这造成更大的"泡沫"。吴敬琏先生批评股市成了一个大赌场，投机性太强，听起来有点刺耳，但确实还是苦口良药。"泡沫"是先进去的股民无理性地造成的。没有及时退出或后进入者就要承担损失了。

最后，股市太缺乏规范。有多少上市公司是假造报表"包装上市"的？哪里有像国外那么严格的会计准则或规范的做法，更别说现在更为严格的"萨班斯法"了。美国那么严的立法还有安然、世通这些大公司在造假，欺骗股民；我们立法在股市上较差，"安然、世通们"岂不更多？股市是一个信息相当不对称的市场，再没有严格的立法，股民的行为当然更谈不上理性了。这就形成股市繁荣也好，停滞也好，都是非理性的。

政府也想改变股市的不正常状态。但忘了一点，股市不是政府能操纵的，它有自己的规律。政府的直接干预有时适得其反。其实政府该做的事是严格立法与执法，为股市创造一个良好的环境，而不是企图按自己的愿望来改造或控制股市。可惜政府的有些做法表明，某些人还不明白这一点，总抱住"人定胜天"的想法不变。

股市本来就有风险，即使完全市场经济下的规范股市也是这样，何况我们这个并非完全市场经济下的不规范股市呢？所以，不仅收入并不高的人切勿冒失进入股市，就是爱冒险或有钱的人进入的时候，也要多想一想。这世界上可以玩风险的地方很多，何必非要进股市呢？

理财的基本原则首先是保值，而不是去冒险。只有记住这一点，理财才能成功。记住这一点就必须树立一个观念：天上不会掉馅儿饼，即使掉馅儿饼，落到你头上的概率也并不比出门就能捡到大钱包的概率高。

进入股市要三思而行，即使股市牛气冲天时也要如此。

刺激投资的关键

· · · · · · · ·

在总需求中，投资占的比例并不大，正常情况下约为百分之十几。但决定投资的因素较为复杂，投资在总需求中波动最大，成为经济不稳定的重要因素。稳定经济，首先要稳定投资；刺激经济，重要的是刺激投资。要做到这一点就必须了解决定投资的因素是什么。广义地讲，投资函数也就是投资和决定投资的因素之间的关系。

投资包括企业固定投资、居民住房投资和存货投资。决定这三种不同类型投资的因素也并不完全一样，但概括起来，决定投资的主要因素是利率、实际 GDP 增长率和预期。

投资的目的是收益最大化，这种收益应该是减去成本之后的净收益。如果投资的收益是既定的，净收益则取决于成本。在投资的成本中，利息是最重要的，因为投资主要来自银行贷款，为这种贷款支付的利息就是投资的成本。即使用自有资金投资，利率也是重要的，因为可以把自有资金放弃的利息作为投资的机会成本。这样，利率的变动对投资就至关重要。一般情况下，利率与投资反方向变动，即利率上升，投资减少；利率下降，投资增加。利率与投资之间的这种关系是狭义的投资函数。

我们还可以进一步确定利率与投资变动率之间的数量关系。这种数量关系就是投资的利率弹性，即投资率变动对利率变动的反应程度，用一个公式来表示，投资的利率弹性等于投资变动率的百分比与利率变动百分比的比值。当然，由于利率与投资反方向变动，这一比值应该是负数。例如，利率下降1%引起投资率提高2%，这时，投资的利率弹性就是负2。

投资，尤其是企业固定投资，还与实际GDP相关。实际GDP增加要求扩大生产增加投资，反之，实际GDP减少也会引起投资减少。这两者之间的关系我们用加速原理来说明。

加速原理是实际GDP增加与投资增加之间的关系。之所以称为加速原理是因为在宏观经济中投资的变动大于实际GDP的变动。加速原理可以用实际GDP变动率与投资变动率来表示，即加速是指投资的变动率大于实际GDP的变动率，而不是投资的变动量与实际GDP变动量的关系。加速原理反映了现代生产的特点。这就是说，现代生产是一种先生产资本品，然后再生产最终产品的迂回生产。迂回的过程越长，生产率越高。因此，当实际GDP（产量）开始增加时，就需要大量投资，投资的增长率大于实际GDP的增长率。但当投资增加之后，如果实际GDP保持不变或下降，投资率也会更大地减少，这就是反方向的加速。产量增加量与投资增加量之比称为加速数。加速数反映一个经济的技术水平，现在社会的生产中，加速数大于1。

加速原理是很重要的。它说明一个经济开始发展时要求有大量投资。我们知道，投资与实际GDP之间是双向促进的。投资增加通过乘数效应使实际GDP增加，实际GDP增加又通过加速数效应使投资增加。这种互动作用就引起经济增长率提高。加速数说明了一国的技术水平，因此，提高技术水平，用更先进的设备，加速数提高，也有利于经济发展。

决定投资的因素中最难控制的是预期。如果人们对未来的预期是乐观的，在既定的利率与加速数时，投资也会增加。如果人们对未来的预期是悲观的，在既定的利率与加速数时，投资也会减少。但什么决定预期则是难以确定的，更无法定量分析各种影响预期的因素与预期之间的关系了。但不可否认，投资的许多变动正是由预期引起的。投资的不稳定性在一定程度上也来自预期的不确定性。

分析投资的决定因素是为了找出稳定或刺激投资的政策。货币政策通过增加货币量来降低利率正是为了刺激投资。加快技术改造和折旧，使用更先进的设备也可以刺激投资。所以，各国都有相应的政策。要坚定人们的投资信心，还要有稳定的经济环境。人民币不贬值尽管会引起出口和总需求减少，但对坚定国内外投资者的信心还是有利的。

要注意的是，我们在这里分析的是市场经济中投资的决定。我国现在还不是一个完全的市场经济（有人称为准市场经济），因此，这里的一些分析并不完全适用。例如，我国银行曾七次降息，但对投资的刺激作用有限，其原因正在于缺乏市场经济下独立的投资主体。

独立的投资主体以投资收益最大化为投资目标，因此，能对利率的变动敏锐地做出反应，根据利率变动来决定投资。我国目前的投资主体，就企业固定投资而言是政府和私人。政府决定投资时不一定以收益最大化为目标，更多的情况下，以政绩最大化为目标，这时利率对投资的影响就有限了。私人企业已成为国民经济中重要的成分，但由于筹资和进入限制，投资也不取决于利率，而取决于其他因素——尤其是政府的政策。就住房投资而言，主体是私人，但在现行政策下，购房只能买使用权，从而无法保证未来的收益，利率的作用也就有限了。

看来目前刺激我国投资的关键还在于推进市场化改革，因为只有在市场经济中宏观经济学中的投资理论才适用。

隐私可以赚钱

· · · · · ·

媒体上名人隐私的"八卦新闻"往往成为热点。以探寻名人隐私为己任的"狗仔队"活跃于各个角落。连一些名不见经传的人也以出卖自己的隐私出名发财。从经济学的观点看,这种现象之所以出现,关键还在于出卖名人或自己的隐私可以赚钱,出卖隐私是一种经济行为。

在信息经济学中,隐私被称为私人信息,即只有自己知道的个人信息。其他人难以得到这种信息,即使可以获得也必须付出高昂代价。"狗仔队"之所以愿意不惜代价去获得名人隐私,在于这种隐私可以换钱,而且是收益大于成本。这就在于,"狗仔队"可以以高于成本的价格把名人隐私卖给媒体。媒体之所以愿意高价购买名人隐私就在于这些"八卦新闻"可以吸引读者的眼球,扩大自己的发行量和影响力。发行量和影响力大的媒体可以吸引更多广告客户,财富滚滚而来。一些原本名不见经传的人把自己见不得人的隐私写成文章或书,可以出名,也可以换钱。而且,名气本身也是以后赚钱的资本。"名"、"利"二字经常连在一起,而且"名"在前,"利"在后,正基于这个原因。

为什么隐私可以赚钱?这是因为有市场需求。好奇是人的天性之一。从根本上说,好奇并不是一件坏事。推动科学的动力之一是经济或政治、军事的实际需求。几何学产生于大量土地的需要，天文学产生于农业的需要。几乎每一门科学的产生与发展都有实际需求的推动。但往往被忽视的是，好奇心也是推动科学进步的重要动力之一。人们对自己不了解的自然或社会现象充满了好奇心，总想问个为什么，并为此去孜孜不倦地探索，这就产生了科学和哲学。许多科学发现最初并不是为了经济或其他利益，而是为了满足一种好奇心。古希腊人在思考世界的本源是什么时，并没有什么经济或其他动机，仅仅是好奇，这就是哲学的起源。想知道别人的隐私，也是好奇心的一种表现。也许这种好奇心不像哲学或科学家的好奇心那样光明磊落，甚至有点卑鄙，但它却是一种不以人的意志为转移的客观存在。满足这种好奇心也能给人带来某种或大或小的满足（效用），所以，人们愿意花钱买报刊或上网去了解别人的隐私，有需求就有供给，"八卦新闻"和"狗仔队"就应运而生。

当然，并不是任何隐私都可以赚钱。鲁迅的小说《祝福》中的祥林嫂不断地向别人诉说自己孩子被狼吃掉的私人信息，逢人便讲"我真傻"，引起别人反感，不仅赚不到钱，还引得别人白眼。隐私可否赚钱，能赚多少钱，取决于社会对这种隐私的需求程度，或者说能满足公众多大的好奇心。在这一点上，自然是物以稀为贵。一般而言，名人是稀缺的，所以，他们的隐私能引起人们更大的好奇心，当然值钱。而且，名声越大，隐私越值钱。一个普通老百姓嫖娼被抓，不会有什么价值，但当嫖娼者是名牌大学的教授、院长时，这隐私就值钱了。一个普通老头娶一个年轻姑娘不会有多少人关注，但当这个老头儿得过诺贝尔奖时，就值得"狗仔队"去跟踪、发掘了。"八卦新闻"以演艺界名人为对象，正在于这种人的社会知名度极高，他们的隐私能引起公众更大的好奇心。

物以稀为贵，不仅指隐私的主人稀缺，还指隐私的种类稀缺。一般人不愿意把自己的私生活，尤其是受社会道德谴责的隐私，暴露在公众面前，这种私人信息就成为稀缺资源。所以，即使原本是一个普通人，只要脸皮足够厚，有胆量把不太光彩的私生活如实或夸张地写出来，就有"卖点"了。一些急于出名并发财的人通常会饥不择食地采用这种方法。

一些以写自己淫秽经历为荣的网络写手或"黄"作者正是如此。因为脸皮够厚的人毕竟是极少数，他们的隐私就可以赚钱了，尽管这种钱不干净。

市场经济是主张自由交易的，有人愿买，有人愿卖，别人也无可厚非，但隐私的买卖与其他交易一样要受到法律和道德的制约。在法律上，个人隐私是应该受到保护的，未经许可披露别人的隐私要受到法律惩罚。名人的隐私经常成为新闻热点，有两种情况：一是某些名人也愿意媒体披露或炒作他的隐私，以进一步提升自己的社会知名度，增加自己人力资本的附加值。这是一家愿打，一家愿挨，别人无可奈何。二是事情本身并不成为隐私（如教授嫖娼和老头儿娶少女），媒体只是做"深度挖掘"，找其细节进行炒作。如果媒体违法发掘别人隐私，或夸大其词，给个人带来不良影响，受害者亦可以起诉。出卖自己的隐私如果写得过"黄"，跨越了法律界限，亦要受到法律惩罚。

法律是一种硬约束，道德是一种软约束。当披露私人信息不违法时，别人无可奈何，但如果违背了社会道德底线也会受到社会谴责，最终是败坏自己。在走向市场经济的今天，买卖隐私已成为不可抗拒的潮流。要使这种行为不至于败坏社会风气，必须有严格的立法，并不断提高人们的道德修养水平。隐私可以赚钱，但也要"君子爱财，取之有道"。

有钱了就投资艺术品

温州人有钱了，去炒房地产、炒煤矿、炒出租车，闹得这些地方的人怨声载道。公平地说，温州人只要没违法，炒什么都没错。美国经济学家弗里德曼说过，投机活动（我们所说的"炒"）越发达，市场机制的作用越完善。你看，温州人不仅无错，还有功呢！群众并不都是真正的英雄，他们的见解也并非句句是真理。

但作为温州人，无论群众的议论正确与否，还是别当众矢之的。有钱放在家里不行，干什么用呢？我给有钱者支个招：去投资艺术品。

投机也好，炒也好，都是一种投资方式，不都是为了利润最大化吗？赚钱不一定要炒房、炒煤、炒车，其实投资获利最高的还是艺术品。在瀚海秋拍中，徐悲鸿的一张《巴山汲水》（且是他本人画的复制品，并非原作），拍出了 1650 万元的天价，而在 1999 年的瀚海春拍时，仅拍出了 120 万元，增值十几倍，炒什么东西有这么高的利润率？这样的事情在艺术品市场上并不是个例，我也以看热闹的心情（无能力实际购买）参加过几次拍卖会，深感艺术品增值潜力之大。

炒作或投资的对象应该是升值空间大的东西。艺术品增值前途最大仍然在于供求关系，艺术品是由少数天才创造出来的，不具有可复制性。一旦艺术家去世后，他的作品的供给就成为固定的。但对艺术品的需求却在不断增长。随着经济发展，出现了一个富人阶层，他们的物质需求满足了，就要转向精神需求，这就开始想购买艺术品。对艺术品需求的增加是经济发展的必然结果，也是一个社会进步的标志。我国的经济发展成绩斐然，对艺术品的需求近年来每年递增20%。供给固定而需求增加，艺术品价格能不大幅度上升吗？这正是投资于艺术品获利甚高的原因。

但投资艺术品比投资房地产、煤矿、出租车要难得多，需要更高的文化修养与艺术鉴赏水平。千万别以为投资艺术品稳赚不赔。不懂艺术，赔钱的事也时有发生。日本经济迅速发展时，曾产生了一批文化并不高的富人。某富人当年曾以近亿美元的价格买到了凡·高的名画《向日葵》，过了几年，当这家公司财政困难想再卖出这幅画时，价格跌了许多。更不用说现在赝品几乎可以乱真，买了这些东西就只有自认倒霉了。据说某富人花3000万元买了一堆文物，专家看过后说没有一件是真的，3万元给他，他都不要。

投资艺术品关键还不是辨别真伪，而是眼光，不同艺术品增值的空间并不一样。凡·高的画如此有名，炒到近亿美元，起码近期内增值有限。炒艺术品必须有能看出增值前途的眼光。民国时期京津画坊领袖徐操曾靠卖画住进中南海，但1957年成为"右派"后无声无息了。这次瀚海秋拍中，他估价12万～15万元的《大明殿会鞠图》以440万元拍出。你能找到这样被埋没的艺术家的作品，就叫有眼光，投资艺术品就能成功。其实被埋没的艺术家及艺术品还很多，这就需要有眼光的人去发现。在艺术品市场上，眼光就是钱。

培养这种眼光需要学习，要学习许多相关知识，读许多书。艺术品鉴赏是一门大学问，穷其一生也仅得沧海之一粟而已。想投资艺术品的人，起先也许是为了培养赚钱的眼光而学习，但钻进去之后对知识的兴趣就会比赚钱还大。一个富起来的人以这种方式提高自己的文化修养，由富人而变为贵族，岂非个人之幸、家庭之幸、社会之幸吗？贵族正是这样炼成的。个人投资艺术品和投资房地产都可以赚钱，但文化品位大不一样。

艺术品不仅可以投资，也可以收藏。一个炒艺术品的人边买边卖边留下自己喜欢的，这就有了收藏家。富人成为收藏家，保护了文物，保护了文化，死后捐赠给博物馆或国家，美国许多富人正是这样做的，这不就为社会作贡献吗？无论你有多少财富，死后都会被人们遗忘。但你做了投资、收藏艺术品这样的好事，人民永远会铭记你。温州和各地的有钱人，为什么不去投资艺术品呢？

如何投资才有利

假如一个工厂要扩大生产，投资 100 万元新上一条生产线。这条生产线可以使用 6 年，每年带来的收益为 20 万元。这种投资合适吗？也许你会认为合适，因为 6 年间总共收益为 120 万元，投资成本为 100 万元，收益减成本有 20 万元的利润。但且慢得出这个结论。一笔投资是否有利还要考虑到两个重要的概念：现值与贴现。你知道了这两个概念之后也许会得出完全不同的结论。

现值是一笔未来货币在现在的价值，贴现是根据利率（或通货膨胀率）来计算未来货币的现值。例如，明年可以得到货币收入 110 万元，如果年利率为 10%，这笔明年的 110 万元在今年的现值就是 110 万元 ÷（1+10%）=100 万元。这就是说，当考虑到年利率为 10% 时，明年的这笔 110 万元相当于今年的 100 万元，即明年 110 万元的现值为 100 万元。因为把今年的 100 万元存入银行，明年就会变成 110 万元。这是根据利率来把明年的货币量贴现为今年的现值。同样，如果用通货膨胀率进行贴现，假设年通货膨胀率为 10%，则明年 110 万元的现值在今年是 100 万，因为明年 110 万元的购买力（能买到的物品与劳务量）与今年的 100 万元相等。

投资是为了得到收益。投资是否有利，不是看未来的货币收益有多少，而是看未来货币收益的现值是多少。在我们开始举的例子中，把未来6年的收益简单相加来确定投资的有利性是错误的。正确的算法应该是根据利率和通货膨胀率对未来各年的收益进行贴现，计算出未来收益的现值，然后再与投资成本相比较。

我们假设年利率（r）为10%，该投资成本为100万元，当年支出，现值也为100万元。该投资从第二年起有收益，设第二年为n=1，以此类推，贴现公式（即计算未来收益现值的公式）是：

第n年收益现值 = 第n年收益 / (1+r)n

根据这个贴现公式计算出的各年收益现值为：

第2年（n=1）：20万 / (1+10%)=18.18万元

第3年（n=2）：20万 / (1+10%)2=16.53万元

第4年（n=3）：20万 / (1+10%)3=15万元

第5年（n=4）：20万 / (1+10%)4=13.66万元

第6年（n=5）：20万 / (1+10%)5=12.42万元

第7年（n=6）：20万 / (1+10%)6=11.29万元

这6年总收益的现值为：18.18万元+16.53万元+15万元+13.66万元+12.42万元+11.29万元=87.08万元。投资成本现值为100万元，以后6年总收益的现值仅为87.08万元。不仅没有利润，反而赔了12.92万元。这种投资还不如把钱存入银行呢！

如果再考虑到通货膨胀（假如通货膨胀率为5%），并根据通货膨胀率对收益现值再进行贴现，赔得就更多了。

现值和贴现的概念说明了利率和通货膨胀率对决定投资的重要作用。利率之所以重要是因为利息是投资的机会成本。当我们把一笔钱用于投资时，就放弃了存入银行所能得到的利息，这种所放弃的利息就是这笔投资的机会成本。用利率进行贴现就考虑到了投资的机会成本。通货膨胀率之所以重要是因为要考虑到货币的实际购买力。我们拥有货币是为了购买物品与劳务，所以，重要的不是名义货币量是多少，而是这些货币能买到多少东西。当存在通货膨胀时，同样一笔货币在今天与以后各年的实际购买力不同，现值也就不同。根据通货膨胀率进行贴现就扣除了通货膨胀的影响，用实际货币量（即货币的实际购买力）来考虑投资收益。

人们在进行投资决策时的误区首先是不考虑机会成本，所以不根据利率进行贴现。学过经济学懂得了机会成本的重要性，也就认识到了根据利率贴现的重要性。另一个误区是"货币幻觉"（或称"货币错觉"），即只关注名义货币量而不考虑货币的实际购买力。这两个误区是人们作错误投资决策的原因。在我们的例子中，简单地把各年的货币收益相加，得出总收益为120万元，与投资成本100万元相比，利润20万元的结论就犯了这两个错误。

从以上分析中我们还可以得到两个启示。一是降低利率和通货膨胀率可以刺激投资，因为在低利率和低通货膨胀率时固定数量未来货币收益的现值高了。二是学了经济学的确可以帮助我们作更合理的投资决策。

"下海"是否明智

在"下海"的浪潮中,某服装公司处长小王与夫人用自己的 20 万元资金办了一个服装厂。一年结束时,会计拿来了收支报表。当小王正看报表时,他的一个经济学家朋友小李来了。小李看完报表后说,我的算法和你的会计不同。小李也列出了一份收支报表。这两份报表如下:

会计的报表（会计成本）		经济学家的报表（经济成本）	
销售收益	100 万元	销售收益	100 万元
设备折旧	3 万元	设备折旧	5 万元
厂房租金	3 万元	厂房租金	3 万元
原材料	60 万元	原材料	60 万元
电力等	3 万元	电力等	3 万元
工人工资	10 万元	工人工资	10 万元
贷款利息	15 万元	贷款利息	15 万元
		小王与夫人应得工资	4 万元
		自有资金利息	2 万元
总成本	94 万元	总成本	102 万元
利润	6 万元	利润	-2 万元

会计报表中的总成本是实际支出的会计成本，经济学家报表中的总成本是经济成本。会计所算出的利润是会计利润，经济学家所算出的利润是经济利润。在企业作决策时，了解会计成本与经济成本之间的差别是十分重要的。

会计成本是企业在生产经营中实际支出的货币成本，其支出反映在会计账簿上。在会计报表中，用于设备折旧、厂房租金、原材料、电力等、工人工资和贷款利息的支出（94万元）是会计成本。销售收入（100万元）减去会计成本（94万元），就是会计利润（6万元）。

经济成本是在会计成本上加了机会成本，即经济成本等于会计成本与机会成本之和。因此，了解这两种成本差别的关键是机会成本。

机会成本是为了得到某种东西所必须放弃的东西。例如，你手头有20万元，可用于存银行获利息2万元，或炒股获利4万元。你把这20万元用于炒股获得4万元时就放弃了存银行的2万元利息。所以，用20万元炒股的机会成本就是不能把20万元存银行损失的利息。这里要注意的是，机会成本并不是实际成本，不是在做出某种选择时实际支出的费用，所以，没有反映在会计报表中，它是一种观念上的损失。

经济成本中包括机会成本，它与会计成本的差别在三点。

第一，机会成本包括小王与夫人自己办厂，不用向自己支付的工资。会计成本中没有这一项。但从机会成本的角度来看，他们如果不自己办厂，则可以去上班，赚到工资。所以，他们不上班而放弃的工资收入就是把自己的时间与精力用于办厂的机会成本。我们假设小王及其夫人上班时每年工资收入为4万元，所以，自己办厂的机会成本之一就是放弃的这4万元收入。

第二，机会成本包括小王办厂自有资金所放弃的利息。会计成本中也没有这一项。小王办厂中部分是自有资金（20万元），并不用给自己支付利息，会计报表中当然没有记录。但如果把这笔钱存入银行，可获得2万元利息。把20万元用于办厂而放弃的利息是机会成本之一。

第三，会计报表与经济学家报表中都有设备折旧一项，但会计成本与机会成本的计算方法不同，因此数值不同。会计是按线性折旧计算的，即全部设备为 15 万元，设备使用期限为 5 年，平均每年折旧 3 万元，所以，设备折旧为 3 万元。经济学家是按设备资产的现值来计算折旧的。小王去年买的设备，现在如果拿出去卖只值 10 万元，所以折旧，即设备资产价值的减少为 5 万元。这就是用机会成本来计算的折旧。这两种方法计算出的折旧差别为 2 万元。应该注意的是，用机会成本的方法计算折旧，如果资产升值了，折旧就为负的，例如把房产作为设备时，房产升值，折旧就可以是负的。但在会计看来，折旧绝不可能是负的。

这五项机会成本加在一起共为 8 万元。所以，经济成本为 102 万元，减去销售收益 100 万元，实际上还亏了 2 万元，即经济利润为负 2 万元。

小李在向小王说明这一切后告诉他：从会计师的角度看你赚了 6 万元，但从经济学家的角度看你赔了 2 万元。放着好好的处长不当，当什么私人老板呢？何况，当老板比处长辛苦得多，社会地位也远不如处长。如果把这些也作为机会成本你亏损更大了。小王听后恍然大悟，决定"上岸"回机关。小王的夫人特别感谢小李，因为这一年来她太累了，如果不是小李讲了机会成本的道理，小王还以为赚了 6 万元，会一直干下去呢！

小王的例子告诉我们，当你做出一个决策时，不仅要考虑得到什么，还要考虑为此而放弃了什么。只有考虑到机会成本的经济利润最大化才是真正的最大化。懂得了这一点，做出是否"下海"或其他决策就容易了。

大型养鸡场为什么赔钱

为了实现"市长保证菜篮子"的诺言，许多大城市都由政府投资修建了大型养鸡场，结果这些大型养鸡场在市场上反而竞争不过农民养鸡专业户或老太太，往往赔钱者多。为什么大反而不如小呢？

从经济学的角度看，这首先在于鸡蛋市场的市场结构。鸡蛋市场有四个显著的特点。第一，市场上买者和卖者都很多，没有一个买者和卖者可以影响市场价格。即使是一个大型养鸡场，在市场上占的份额也微不足道，难以通过产量来控制市场价格。用经济学术语说，每家企业都是价格接受者，只能接受整个市场供求决定的价格。第二，鸡蛋是无差别产品，企业也不能以产品差别形成垄断力量。大型养鸡场的蛋与老太太的鸡蛋没有什么不同，消费者也不会为大型养鸡场的蛋多付钱。第三，自由进入与退出，任何一个农民都可以自由养鸡或不养鸡。第四，买者与卖者都了解相关信息。这特点决定了鸡蛋市场是一个完全竞争市场即没有任何垄断因素的市场。

在鸡蛋这样的完全竞争市场上，短期中如果供大于求，整个市场价格低，养鸡可能亏本。如果供小于求，整个市场价格高，养鸡可以赚钱。

但在长期中，养鸡企业（包括农民和大型养鸡场）则要根据供求决定产量多少和进入还是退出。假设由于人们受胆固醇不利于健康这种宣传的影响而减少了鸡蛋的消费，价格下降，这时养鸡企业就要作减少产量或退出养鸡业的决策。假设由于发生鸡瘟，供给减少，价格上升，原有养鸡企业就会扩大规模，其他人也会进入该行业。在长期中通过供求的这种调节，鸡蛋市场实现了均衡，市场需求得到满足，生产者也感到满意。这时，各养鸡企业实现成本（包括机会成本在内的经济成本）与收益相等，没有经济利润。

在完全竞争市场上，企业完全受市场支配。由于竞争激烈，成本被压得相当低。生产者要对市场供求变动作及时的反应。换言之，在企业一点也无法控制的市场上，成本压不下来或调节能力弱，都难以生存下去。大型养鸡场的不利正在于压低成本和适应市场的调节能力远远不如农民养鸡者。在北京鸡蛋市场上，大型养鸡场就斗不过北京郊区和河北的农民。

大型养鸡场的成本要高于农民。在短期中，养鸡的成本包括固定成本（鸡舍、蛋鸡、管理人员等）和可变成本（鸡饲料、劳动等）。大型养鸡场的固定成本（现代化养鸡设备和从场长、党委书记到职员的众多管理人员）远远高于农民（农民养鸡的固定成本除蛋鸡外其他很少）。甚至农民的可变成本也低（用剩饭菜等代替部分外购饲料，自己的劳动也可忽略不计）。这样，当价格低时，大型养鸡场难以维持或要靠政府财政补贴，而农民养鸡户却可以顽强地生存下来。长期中，大型养鸡场每个蛋的平均成本也高于农民，因为现代化大量养鸡带来的好处并不是以弥补巨额投资和庞大管理队伍的支出。农民则以低成本和低价格占领了鸡蛋市场。

大型养鸡场的市场适应能力也不如农民。当供大于求价格低时，农民可以迅速退出市场，不会有多大损失，大型养鸡场停产则很困难。现代化养鸡设备闲置下来比不用鸡窝的损失大得多。解雇管理人员比老太太不养鸡有多难？在供小于求、价格高时，大型养鸡场的产量要受设备能力的限制，但有什么能限制农民多养鸡呢？

在鸡蛋市场上需要的是"造小船成本低"和"船小好掉头"。庞然大物的大型养鸡场反而失去了规模经济的好处。而且，即使就是将来农民养鸡也现代化，也仍然是农民养鸡业的进步，难以有大型企业的地位。这是行业生产技术特点决定的。你听说过美国 500 强企业中有养鸡公司吗？或者说，你听到过什么有名的养鸡场吗？这类企业本来就应该是"小的是美好的"。

鸡蛋市场的事例告诉我们，市场经济的一个重要原则是，市场能做的尽量交给市场。只要不把农民养鸡作为"资本主义尾巴"来割，千百万养鸡农民追求致富的行为会自发地使鸡蛋市场均衡。政府又是办大型养鸡场，又是给补贴，或用政策限制农民的鸡蛋进城，结果"赔了夫人又折兵"，还没有改变市场规律。

长期在计划经济下生活的官员对市场总有一种恐惧感和不信任感。似乎什么事情不由政府去管就会天下大乱。这些年大型养鸡场垮了不少，政府对鸡蛋市场也不管了，我们还不是照样吃到物美价廉的鸡蛋吗？

放开市场吧，天塌不下来。

消费与节约型经济

　　时下的热门话题是提倡节约型经济。于是，媒体开始介绍节约经验。例如，空调调高一度，全国可节约多少电；开车遇堵时熄火能省多少油；甚至手机充完电就拔的节电量也相当可观……果真这样去做，节约型经济就实现了吗？

　　且莫说这类号召不具有任何约束力，也没有任何有效的激励，无论你如何号召，有人就愿意把空调调低一点，开车遇堵不熄火，或者手机一充电就是一宿，你有什么办法？再好的建议，没有保证它实施的手段，对节约型经济有什么用呢？即使人们真的做到了，又能节约多少呢？我们从小是在提倡勤俭节约的氛围中长大的，可是吃饭时不掉一粒米，并没有避免挨饿，每个作业本都两面用，森林资源仍在急剧减少，中国人有几千年的节约习惯，也没有改变一穷二白的面貌。

　　把建立节约型经济片面理解为少消费的勤俭节约是一种极大的误解。勤俭节约也不能说是什么好习惯，无非是穷而已。它也无助于改变穷的状态。生产出的东西少，再省又能富到哪里去呢？发展经济的目的是为了提高人民生活水平，有钱把空调调低一点，享受凉爽的清风；把手机插上充电去干其他活，早上再拔；开个排量大安全舒适的车，甚至路上开一辆，家里放一辆。想把空调调到多高，什么时候拔手机插头，如何开车，是个人选择自由，在这些小事上做文章，对节约型经济即使有用，也说不上多大。

在现实中，最大的浪费不在消费中，而在生产中，建立节约型经济的重点不是消费，而是生产。

一些地方政府盲目投资，用十几亿元去建一个一天没有几架飞机起降的机场。用几十亿元，甚至上百亿元建一个没有效益的企业。各地都存在的重复投资，浪费了多少？为什么在倡导节约时，没人去算这个账呢？

我们的许多产品以低成本、低价格进入市场。例如，一件中国产的 Hugo Boss 衬衣，在美国纽约最繁华的第五大道上的 Saks Fifth Avenue 的百货公的零售价为 120 美元，其中渠道商 Saks Fifth Avenue 赚了 72 美元，品牌商 Hugo Boss 赚了 36 美元，中国制造商只得到 12 美元。这样使用资源是不是浪费呢？

我们钢铁业的几百家企业中，年产 500 万吨以上的仅 14 家。小钢铁厂消耗的电力、煤炭等资源远远高于大钢厂，质量还不好。我们即使把全国的空调都关了，节省的电力也不够它们消耗。谁节电才真正有意义呢？

中国的特征是文山会海。先不说私人企业，政府和国企开了多少没有用的会？这些会议所用的资源谁算过是多少？

我想不用再举例了，你想想最大的浪费是在生产或政府，还是在于我们把空调调低了一度，或晚上充电忘了拔手机？不去想办法制止前一种浪费，仅仅是喋喋不休地告诉老百姓如何开空调，如何给手机充电，有什么意义呢？我们不是说生活中不要节约，例如把空调调得很低又盖大被子睡觉就是一种不好的习惯。但更关键的是在生产中节约资源，实现资源的有效配置。只讲消费型节约，不讲生产上节约，是捡了芝麻，丢了西瓜。

建立节约型经济和经济体制转型与经济增长方式的转变是同一回事，没有经济转型就谈不上节约型经济。计划经济资源配置效率低，在本质上是种"有计划地浪费的经济"（美国经济学家舒尔茨语）。尽管当时人民在消费上处于极低水平，勤俭节约蔚然成风，但却是一个资源浪费型经济。今天相当一部分浪费仍然来自计划经济的遗产——政府在资源配置中处于决定地位而又不负责任，政府的管理沿用了计划经济下的方式，才有文山会海。即使是企业生产中的浪费也源于经济体制转型的不彻底性——电力、煤炭这类重要资源的价格仍由政府控制。在电力紧张而价格又不放开的情况下，那些耗电量高的小钢厂仍然日子过得滋润，每天有大把钞票流入，为什么要停产、合并、被兼并，或者投资于节电技术呢？至于老百姓就更不必为节约微不足道的电费而把空调调高，或者守在充电的手机旁，一旦充完就拔了。没有经济体制完全转向市场经济，媒体再找出多少节约的窍门也无助于节约型经济的建立。

市场经济体制的建立为实现节约型经济提供了制度上的保证。在此基础上，我们要实现经济增长方式的转变，才能真正建成节约型经济。我国由投入型增长起步，靠低价格进入世界市场，是正常的，但这只是起步。如果起步之后，长期处于初级阶段，不能靠技术进步推动增长，不能靠产品的质量和品牌占领世界市场，即使经济成功也只是一个消耗资源型经济，是难以为继的。只要增长方式转变了，无论你把空调的温度调得多低，它都是节约型经济。

我不反对媒体倡导消费上的节约。无论经济多发达，节约总是好习惯。但如果铺天盖地如此宣传，避而不谈生产中的浪费，就难免会有误导和避重就轻了。

客源不足的成本讨论
● ● ● ● ● ● ● ● ●

维拉女士是某航空公司的股东，她坐本公司的飞机时发现 129 个座的机舱内也就 40 人左右。这一时期，她碰到了好几次这样的情况，对公司前途颇为忧虑，于是，她去请教一位经济学家朋友杰里米是否把该公司股票抛出。

杰里米的分析是从经济学中短期与长期的区分开始的。在经济学中，短期与长期不是一般所说的时间长短概念，是指生产要素的变动性。在短期中，生产要素分为固定生产要素与可变生产要素。固定生产要素是不随产量变动而变动的生产要素，如民航公司的飞机、工作人员等，无论飞行次数、乘客人数多少，这些生产要素是不变的。可变生产要素是随产量变动而变动的生产要素，如民航公司所用的汽油以及其他随飞行次数与乘客人数而变动的生产要素（如乘客的食物、饮料）。在长期中，一切生产要素都是可变的，飞行次数与乘客多，可以多买飞机、多雇工作人员，难以经营也可以卖飞机或解雇工作人员。所以，无固定与可变生产要素之分。每个企业由于所用固定生产要素与可变生产要素多少不同，调整的难易程度不同，短期与长期的时间长度也不同。民航公司增加或减少飞机与专业人员都不容易，所以长期的时间会长一些。

与此相应，长期中成本都是可变的，但短期中成本要分为固定成本与可

133

变成本。用于固定生产要素的支出（如民航公司的飞机折旧维修费、工作人员的工资）是固定成本，用于可变生产要素的支出（汽油费等）是可变成本。这两者之和为短期总成本。分摊到每位顾客的成本为平均成本，包括平均固定成本与平均可变成本。

航空公司和任何一个企业一样，从长期来看如果收益大于成本，就有利润；如果收益小于成本，会破产；只要收益与成本相等就可以维持下去。这个道理谁都懂，但关键是短期中，航空公司能维持下去的条件是什么。

当然，短期中也是考虑收益与成本之间的关系，但特别要注意的是，短期中用于固定生产要素的固定成本是不能变动的。所以，只要收益能弥补可变成本，就可以维持下去。这就是说，短期固定成本已经支出了，无可挽回，只要经营能弥补可变成本就可以经营。或者换个说法，就每位乘客来说，只要票价等于平均可变成本，就可以经营。经济学家把平均可变成本等于价格这一点称为停止营业点，意思是在这一点时经营与不经营一样，因为经营时能弥补可变成本，不经营无非不支出可变成本。但在这一点之上（即价格高于平均可变成本）时，经营可以弥补一些固定成本，经营仍然有利；在这一点以下（即价格低于平均可变成本）时，无论如何也不能经营了。

杰里米告诉维拉，她的公司仍在经营说明票价肯定高于（最少等于）平均可变成本。公司买的飞机短期内无法卖出去，雇用的工作人员也不能解雇。即使不飞行，飞机折旧费和工资仍然是要付的。尽管乘客不多，但这些乘客带来的收益大于（或等于）飞行时汽油及其他支出，就可以继续营业。比如说，如果飞行一次为成本2万美元，其中固定成本为1万美元，可变成本为1万美元，只要机票为250美元时，乘客大于（或等于）40人就可以飞行下去。如果乘客为40人，运送每位乘客的平均可变成本为250美元，票价为250美元，这时就是停止营业点。如果顾客再多几个还可以弥补一些固定成本，那么，经营就更有利了。

这就是说，当企业在经营状况不良（飞机乘客不足）时，是否停止关键在于可变成本，可以不考虑固定成本。固定成本已经支出，可以说是覆水难收。应该采取的原则是：过去的就让它过去。只要价格等于平均可变成本就可以维持。当然这个原则只适用于固定成本不变的短期。在长期中，无所谓固定成本与可变成本之分，还要考虑总收益与总成本，或者价格与平均成本的关系。

杰里米讲完这些道理，维拉明白了，她的公司乘客少是因为在淡季，这时只要能弥补可变成本经营下去，在旺季乘客多时就可以赚钱了。所以，她还是不要抛出公司股票，因为这个公司长期中平均来看业绩还是不错的。想到这里，维拉对杰里米说，看来我也要学点经济学了。杰里米很高兴地把哈佛大学经济学教授曼昆写的《经济学原理》送给她，告诉她，好好读这本书，就能像经济学家一样思考问题了。

汽油该涨价了

作为普通消费者，我也反对汽油涨价。每次去加油，加同样数量的油又要多拿出几张钞票时，心里也老大不愿意。但作为一个公民，我想，要建成污染少、交通不拥堵的节约型社会，汽油不涨价，又有什么办法呢？我们可以倡导一天不开车，但这除了象征意义，对保护环境和节约能源又有多少现实意义呢？何况，在经济全球化的格局下，国内外成品油价格倒挂，不涨价还有什么更好的选择呢？

任何关于环保和节约能源的教育、宣传只有教化、劝说的作用。没有强有力的措施，这些宣传面对顽固的人性，实在是无力得很。只有以强有力的措施为基础，道义上的劝告才有作用。这种强有力的措施就是价格这只看不见但却极为有力的手。

我们先来看看国外的经验。谁都知道，美国人喜欢开马力大的豪华型车。当汽油便宜得很，耗油不是问题的时候，也有环保主义者呼吁开小排量车，有谁在听呢？他讲他的环保，我开我的大排量车，和平共处。后来欧佩克大幅度提高了油价，美国人扛不住了。于是日本的节油型汽车进入美国，美国人一夜之间就变得环保、节油了。今天日本汽车在美国市场上仍占到 25% 左右，不是日本车质量有多好，或者美国人不爱美国车，而是日本车节油。

不过与欧盟比起来，美国人开的车还远远谈不上节油。走在欧盟各国的大街上，到处是小排量的两厢车，甚至是只能坐两个人的"Smart"车。欧洲人比美国人更节油，不是他们的环保节油意识比美国人强，而是他们的油价比美国高得多。据《纽约时报》的一篇文章介绍，美国的油价是每加仑（1加仑约等于4.5461升）1.96美元，德国是5.19美元，英国是5.34美元。欧盟的汽油价格几乎是美国的3倍，不开小排量车行吗？美国政治家也意识到油价低的问题。同一篇文章介绍，有人提出每加仑增加40美分汽油税。尽管不少议员怕引起公众不满不敢公开提，但都或明或暗支持这个建议。支持者也包括小布什总统。

经过地质工作者和石油工人的努力，我们甩掉了"贫油国"的帽子，实现了石油自给。但几十年过后，我们的经济有了突飞猛进的发展，尤其是汽车进入千家万户，用油量增加惊人，石油有近一半依靠进口。在这种形势下，节油就更有意义。何况我们的宗旨是建立一个节约型的和谐社会。无论我们的石油资源何其丰富，节油总是不变的方针。和谐包括人与自然的和谐，这就是保护环境，节油也是保护环境的方式之一。

节油的道理是"地球人都知道"，但始终停留在宣传、教育的层面上。对大多数人而言，"知"和"行"就是两张皮。不少人在节能大会上慷慨激昂发言之后，仍然开着大排量车又去赶另一个会了。只有涨价，涨到让他们承受不了的程度，他们才会把"知"变为"行"，真正"行胜于言"。我这个人是有点迷信市场的，相信价格的作用远远胜于无数节油的文山会海。

许多人都明白汽油涨价对节油和环保的意义。不过他们担心的是涨价引起的其他问题。例如，公众能否承受得了？对整个经济会有什么影响？会不会引发新一轮的通货膨胀？等等。这些担心并非没有道理。任何一项政策都是有利有弊的，不能要求十全十美。汽油价格上升会对经济有一些不利影响，这种副作用在短期内更明显。但从长期来看，汽油涨价是利大于弊的。要减少汽油涨价的副作用，应该注意两点。一是涨价不要一步到位，马上与国际接轨，而要渐进式进行。在这个过程中可以逐渐化解涨价所引起的各种问题。二是要有相应的补救措施来减少副作用。比如，对公众常用的公共交通工具实行油价补贴；在汽油涨价的同时进行宏观经济调控；尤其是控制货币发行量。只要货币发行量适度，任何短期物价上升都不会演变为严重的通货膨胀。这方面许多国家都有经验，我们可以学习，防患于未然。

另一个人们更为关心的问题是，我们的石油行业仍然是垄断的。那些国有的石油公司依靠涨价获得暴利，又把这些利润变为本企业员工的工资和福利，岂不扩大了收入不平等？石油等垄断行业的收入过高已引起社会普遍不满，再让汽油涨价，会不利于和谐社会的建立。

其实垄断行业的高收入与涨价之间并没有必然联系。电信、电力这些部门没有涨价，收入不也同样高吗？垄断行业的企业大多是国有企业，政府是决策者和监管者。它们的收入过高还在于政府监管和控制不到位，尤其是对这些企业的财务约束太软。不改变这种状况，涨不涨价，它们都有高收入。要改变这些行业的垄断状态不是一朝一夕的事，也绝不能因为石油部门垄断就不许涨价。何况国家可以通过分红、征税等方法把它们涨价的收入变为政府财政收入。

我们都支持市场化改革，但总有一些人"叶公好龙"，只想享受市场化的好处，一说涨价就变色。其实价格有涨有跌才叫市场经济。汽油涨价即使不是最优选择，也是次优选择。

粮油涨价的背后
● ● ● ● ● ● ●

曾在报上读到我国连续三年农业产量下降的消息，预感到粮价会有上涨。没想到，涨价来得如此之快，如今米面肉蛋已全面涨价。北京市以 500克为单位，猪肉涨价 1 元，米面涨价 0.1 元，鸡蛋涨价在 0.2 ～ 0.3 元之间，古船牌袋装面涨了 1 元，食用油也涨了 10% 左右。

有媒体解释这是正常的季节性波动，这种说法并不确切，季节性波动指一年之中由于市场需求或供给有规律变动而引起的价格涨落。例如，旅游业的旺季（黄金周）涨价与淡季降价，或者新鲜蔬菜随时令而发生的价格波动。就粮油而言，现在并非生产淡季或需求旺季，不应该有这种价格波动。在市场经济中，价格由供求关系决定，也随供求的变动而变动。就农产品而言，需求是稳定的，因此价格的变动主要是由供给引起的。当然，在开放经济条件下还要考虑国际市场供求关系与价格变动的影响。

从现象来看，这次粮油涨价的直接动因有这样几点：第一，由于天气及其他原因，粮食减产，例如，每公斤小麦涨价 0.06 元左右。第二，全国小麦库存逐年减少，现在对市场发生影响。第三，粮价上升拉动饲料价格上升，加之南方遭灾，猪肉货源吃紧，猪肉成本增加。第四，国际市场上小麦价格上升，美国大豆减产 10% 左右，这对国内市场亦有影响。尤其是我国大豆进口已占国内消费量的一半左右,直接影响到食用油价格上升。

但这些因素仅仅是诱因,其背后更根本的原因是什么呢?应该是,我国的农产品市场仍然以国内供给为主(约占95%以上),国际市场农产品价格的变动,除大豆等少数品种外,对国内影响并不大。所以,价格波动的原因仍在国内的供给,即农业生产上。

连续三年的农产品产量下降和最近的粮油价格上升是一个信号,表明我们必须深入分析农业问题,在保持整个国民经济高速增长的同时,保证农产品供给的稳定。这也是解决广泛关注的三农问题的一个重要内容。

经济学家告诉我们,决定供给的因素有制度、资源投入与技术进步。分析农产品供给问题也要从这三个因素入手。从制度来看,家庭联产承包制曾有力地促进了我国农业发展。但这种制度也必须与时俱进,即要随着时代进步不断调整和完善。从近年的情况看,在完善这种制度中有两个亟待解决的问题。一是如何保护农民的承包权,真正做到50年,甚至更长时间不变。二是如何引导家庭联产承包实现规模经营。不从制度上解决这两个问题,就难以保证农业的稳定发展。

就目前的情况来看,影响农业生产更主要的是投入,投入包括人力、土地和其他投入。要让农民愿意增加投入,首先要保证投入的收益大于成本。种地不赚钱,甚至赔钱的现象在一些地区较为严重,农民的种地积极性受到挫伤,土地荒芜的现象相当严重。一方面化肥、农机、种子、农药等投入的价格上升,另一方面农产品价格徘徊不前。应该说,在市场经济中,农产品是一个完全竞争市场,价格低在所难免,靠农民本身无法解决这个问题。出路在于政府给农民以直接补贴。农产品价格由市场决定,政府不应干预,只有靠政府给农民以补贴才能解决他们的增收问题,鼓励农民增加投入,保持稳产。对于农业投入的价格上升也要通过市场方法来抑制。只有保证农民种地可以增收,他们才会增加投入,增加生产。只有生产稳定了,适应整个经济发展的需要,农产品价格才会稳定。在农业投入中,土地是重要的一项。一些地方乱占耕地减少了农业生产。这一点也应引起注意。

人们对技术进步在制造业和高科技行业中的作用已经有深刻的认识。但这一点同样适用于农业。要用越来越少的农业人口和土地满足人们消费和生产的农产品需求，农业技术进步至关重要。可惜这些年来农业中技术的投入相对少了。农业技术缺乏重大突破，基层农业科技人员甚至在减少。农业技术进步与制造业中技术进步的重大差别在于，制造业中的应用技术开发可以由企业进行，但农业技术进步完全要靠国家。农民本身没有能力实现技术进步，他们的力量毕竟太小了。在发达国家，农业的基础科学研究和应用研究都由国家投资，并免费让农民应用，农业科技人员也要由国家养活。没有国家的全部投资与推动，农业技术是无法进步的。

这次粮油价格上升应该是一个短期现象，尽管个别地方出现抢购，但不至于产生严重问题。从整体上看，粮油供给还是充分的。但这种价格上升也是一种警示，提醒我们重视农业问题。如果我们能从价格上升的现象中看到其间隐含的深层次问题，就可以把坏事变为好事，为我国的经济繁荣提供一个稳定的农业基础。

该提价时就提价

· · · · · · · ·

北京麦当劳提价，引发一片批评；民航提价（不打折或少打折）又引发媒体非议。在许多消费者心目中已形成一种"闻提价则反"的心态。企业该不该提价呢？这是一个非常重要的问题。

市场经济中，企业经营的目标应该是利润最大化。企业通过提供消费者满意的物品与劳务来实现利润最大。企业的利润目标与社会目标是一致的。企业实现利润目标不仅要提高效率、降低成本，而且还要善于及时调整价格。提价或降价都是调整价格的重要内容，两者缺一不可。只要在法律允许的范围之内，提价或降价都是企业自主经营权的重要内容。

企业可以根据整体经营战略的调整而提价。麦当劳提价就属于这种情况。当麦当劳进入中国市场，第一目的是占有并扩大市场份额，让中国消费者接受。所以，它们低价格，迅速扩张，取得了成功。这时已形成一个稳定的消费者群体。但麦当劳扩张太快，也引起一些亏损，以至于个别分店不得不关闭。这时，麦当劳及时调整经营方针，适当提价，应该说是一个明智之举。麦当劳提价之后，营业量并没有减少，说明提价是合适的。

企业还可以根据供求关系的变动而提价。这次民航提价就属于这种情况。民航业中淡季与旺季的差别相当大。淡季时航班减少，空座率上升，但民航仍然要支出包括飞机维护、折旧等在内的庞大固定成本。如果不在旺季乘客多时涨价，民航还能经营下去吗？旅游旺季，热线航班暴满，甚至买不到票。在运输能力（供给）基本不变时，乘客（需求）大大增加，价格当然该上调。

消费者往往认为企业提价，损害了他们的利益。其实这是一种误解。在市场经济中，消费者与企业是共存共荣的。只有企业兴旺发达，消费者才能获益。企业兴旺发达的条件之一就是企业有包括调价权在内的自主经营权。回想一下，改革开放之前，企业是不许提价的，"物价稳定"是做到了，但消费者不是"要嘛没嘛"吗？今天的物质产品丰富正是放开价格的结果。有了价格上升才有生产增加。同样，如果我们不允许民航在旺季提价，他们经营困难，我们能有更好、更安全的民航服务吗？从长远来看，只有允许民航该降价时就降价，该提价时就提价，我国的民航业才能迅速发展，并走向世界。

对企业来说，灵活地运用价格手段是重要的，但这绝不是企业实现利润最大化唯一手段。企业不能把增加利润或减少亏损的希望寄托在提价上。从根本上说，企业利润最大化目标的实现在于提高效率，并向消费者提供更多更好的物品与劳务。从民航来说，这些年经营状况不尽如人意，甚至有亏损的基本原因也不在于价格不够高，而在于改革的滞后。政企不分，民航公司没有成为独立的企业，管理效率低下，恐怕是民航业发展的最大障碍。这些问题当然不是能通过提价来解决的。何况，在什么时候提价、如何提价、提多少价本身就是一个科学管理问题。不从提高科学管理水平和企业效率出发，提价对扭亏为盈只能是杯水车薪。消费者对民航提价颇有怨言的深层次原因还是对民航的服务不够满意。

市场经济中，价格是由供求关系在市场上自发决定的。供小于求，价格上升；供大于求，价格下降，天经地义。也正是在这种价格的变动中实现了资源配置最优化。因此，消费者不要反对提价，生产者则应该该降价时就降价，该提价时就提价。这才是市场经济的人间正道。对现在民航的提价，我们不必大惊小怪。不用什么人下命令，也不必媒体说三道四，当旅游旺季过去后，民航价格自然又会下调。民航学会了调价，说明它们的经营水平提高了，这对我们是一个极好的消息。

中美消费倾向比较
● ● ● ● ● ● ● ● ●

据估算，美国的消费倾向，即消费支出在可支配收入中的比例，约为 0.68，而中国的消费倾向是 0.48。有人解释引起这种差别的是消费观念。美国崇尚享受，今天敢花明天的钱。中国有节俭的传统，一分钱要掰成两半花。在经济学家看来，消费观念属于伦理道德的范畴，由经济基础决定。所以，不能用消费观念去解释这种差别，而要从经济的角度分析不同消费观念的经济原因。

正如消费函数理论所指出的，消费主要取决于收入，但这种收入并不是现期收入，而是一生的收入或持续 3 年以上的固定持久收入。决定一生收入或持久收入的是未来收入的预期。这就是说，人们的收入预期越稳定，消费支出越多。相反，即使现在收入水平高，但如果未来预期收入不确定性高，那么，人们也不敢增加消费，而要把部分收入储蓄起来，以防患于未然。

美国是一个成熟的市场经济，这些年来经济强劲增长，这就使人们对未来收入的增加有信心，相信未来预期收入会随经济增长而增加。在克林顿执政时期，美国经济繁荣，股市价格上升，消费倾向从长期以来一直稳定的 0.676 上升到 0.68 就说明了这一点。中国是一个转型中国家，计划经济下的"铁饭碗"打破了。人们普遍对未来有一种不确定的心态。一些企业倒闭，部分工人失业，机关等事业单位调整，也会有人暂时失去工作，即使现在收入高的，对未来的收入也没有十分把握。一切都在变，未来会怎么样，许多人心中没底。正是这种心态制约了人们的消费支出。消费信贷已开始实行，但绝大多数消费者不敢问津。在面对未来的收入不确定时，有多少人敢借钱去买车、旅游或办婚事呢？

人们对未来收入的预期在很大程度上还取决于整个社会的社会保障体系。美国的社会保障体系完善，覆盖面广而水平较高。失业有失业津贴，老年人有养老金，有病有医疗保险或政府医疗援助，低于贫困线之下有贫困津贴，多子女单亲家庭有补贴，孩子上大学可以容易地得到奖学金或贷款。这一切在相当大程度上解除了人们消费的后顾之忧，花起钱来当然大方了。转型中的中国原有计划体系下的社会保障体系不适用了，新的社会保障体系还没有完全建立起来。现有的社会保障体系一是覆盖面不够广，二是总体水平低。社会保障要适合我们的国情，以现有的国力难以迅速扩大和提高。与社会保障配套的私人保险也不完善。所有这些都制约了消费支出。在人们要考虑到未来养老、医疗、教育等问题的情况下，消费倾向低也是正常的，而且难以在短期内提高。

一国的消费倾向低还与收入分配格局相关。在总收入与人均收入既定时，收入分配越平等，消费倾向越高。经济学家早就发现，就个人而言，消费倾向实际与收入是反方向变动的。高收入者的消费倾向低，而低收入者的消费倾向高。这样，一个社会收入分配差别越大，消费倾向就越低。这是因为，高收入者得到了社会的大部分收入，而这些收入又有大部分被他们储蓄起来了，低收入者尽管消费倾向高，但收入太少，这样，整个社会消费倾向就低。假设一个社会20%的富人占有80%的收入，消费倾向为0.2，其他人占有20%的收入，消费倾向为0.7，这个社会的消费倾向为0.8×0.2+0.2×0.7=0.16+0.14=0.3。如果另一个社会20%的富人占有20%的收入，消费倾向为0.2，其他人占有80%的收入，消费倾向为0.7，则消费倾向为0.2×0.2+0.8×0.7=0.6。

经济学家们早已注意到这一问题。富人消费倾向高于穷人是古典学派的假设。凯恩斯根据这一点把收入平等化作为增加消费的政策之一。英国经济学家琼·罗宾逊根据这一假设提出，经济增长以储蓄率提高为条件，而提高储蓄率就要扩大收入分配不平等。

应该说近年来中国收入分配不平等加剧，其不平等程度已超过美国。更重要的是，无论收入的两极如何悬殊，只要有一个庞大的中等收入阶层，社会的消费倾向也是较高的。这个阶层是最重要的消费者。美国社会有一个庞大的中等收入阶层。中国一方面收入不平等加剧，另一方面还没有形成庞大的中等收入阶层。这样，富人消费倾向低，中低收入者占的比率小。消费倾向自然不会高。

所以说，中国消费倾向低不是有什么节俭的传统，而是穷。穷而要活下去，只有节俭。不能开源只有节流。一个国家有什么传统是经济基础决定的，节俭是中国长期落后贫穷的结果，说不上是什么美德。生产本来是为了消费。如果一味节俭，发展生产是为了什么呢？

这些年经济增长不如以前，失业人数（包括农村富裕劳动力）增加。许多人都感到需求不足，尤其是消费需求不足，是一个重要原因。许多报刊也在呼吁人们打破传统的节俭消费观，寻找新的消费热点，想方设法增加消费贷款，多次降息，但效果并不大。其原因就是没有从根本上解决问题，只有发展生产、增加就业机会、提高收入水平、建立完善的社会保障体系，创造一个庞大的中等收入阶层，才是增加消费的正路。当然，这些做法不能立竿见影。增加消费，提高消费倾向绝非只争朝夕的事。别忘了美国的消费倾向从 0.676 提高到 0.68，仅仅 0.004 的提升也走过了漫长的路程呢！

消费物价指数的缺陷

· · · · · · · · · · ·

如果你随机地问一些人，通货膨胀率上升 5% 是不是表明他们的生活费用也提高了 5%，多数人的回答一定是肯定的。其实这些人的回答错了。这中间的误解不仅对我们认识通货膨胀的影响有用，而且对政府的政策也十分重要。

我们知道，衡量通货膨胀率的物价指数包括消费物价指数、生产物价指数（或批发物价指数）和 GDP 平减指数。在一般的用法中，我们说的通货膨胀率是指消费物价指数。按理说，消费物价指数计算时所选的一篮子物品与劳务是消费者常用的。这些物价的变动应该是消费者生活费用指数的变动。但实际上，这两者之间确实密切相关，但并不完全相同，而且这种差别还是相当重要的。

消费物价指数根据城镇中等收入家庭所消费的一篮子物品与劳务的零售价格来计算。这一篮子物品与劳务中所包括的东西及其加权数（即每种物品与劳务在总支出中所占的比例）确定之后若干年内不变。这种统计方法就引起消费物价指数与生活费用指数之间的不一致。

首先，消费者存在替代倾向。这就是说，消费者往往要用价格较低的物品替代价格较高的物品。消费物价指数反映这些物品总水平的变动，并不反映各种物品的具体价格与各种物品之间的相对价格。比如，消费者购买橘子和苹果。如果橘子价格上升幅度大而苹果价格没变，反映在消费物价指数上，一定是上升了。但消费者可以用苹果代替橘子，他们的生活费用并没有增加。消费者的这种替代是经常发生的。这样，消费物价指数就高估了生活费用指数。

其次，消费物价指数反映不出新物品引进对生活费用的影响。新物品使消费者有了更多选择，使消费者的每1元钱能带来的享受更多。这是生活质量的提高。但由于新物品并没有包括在固定的一篮子物品中，所以，消费物价指数反映不出这种变化。例如，以前的一篮子物品中有打字机而没有电脑。现在电脑进入人们的生活而且迅速普及。但消费物价指数中不包括电脑的价格变动，就反映不出电脑进入生活对生活费用的影响。现代社会新物品层出不穷，计算消费物价指数的一篮子物品尽管也在调整（例如把打字机排除，增加电脑），但要若干年才调整一次。这样，就无法反映生活费用的变动。

最后，也是最重要的，消费物价指数无法反映产品质量的变动。在物品价格的变动中，有些物品价格上升可以称为通货膨胀，会使生活费用指数提高。例如，质量相同的面包、蔬菜、水果由于供给减少，价格上升。这种价格上升包括在消费物价指数中，反映了生活费用增加。但另一些物品价格上升是因为质量得到了改进。例如，汽车的价格上升了10%，这是因为汽车马力更大、行驶更安全，或操作更简便了。消费物价指数只反映出物价水平上升了，而反映不出是由于什么原因上升。消费者购买这种汽车支出增加了，但这种支出增加并不是生活费用的增加，而是生活质量的提高。在这种情况下，把消费物价指数上升等同于生活费用指数上升就错了。

许多国家为了消除通货膨胀对居民生活的影响采用了指数化政策，即根据消费物价指数调整一些固定收入。例如，美国社会保障领取者（养老金领取者）的津贴就根据消费物价指数进行调整。如果消费物价指数由于上述原因而高于生活费用指数，社会保障领取者得到的津贴就增加了，这就大大增加了政府转移支付的支出。这一问题已引起经济学家和政府有关部门的关注。

美国国会曾任命一个由著名经济学家组成的消费物价指数咨询委员会，专门研究消费物价指数中的这些问题。他们研究得出的结论是，现在消费物价指数的变动每年高估了1.1%的生活费用变动。换言之，消费物价指数比生活费用指数高出1.1%。如果按消费物价指数衡量的通货膨胀率是3%，生活费用指数实际只上升了不到2%。

这种高估的结果首先是政府转移支付增加。按这种估算仅社会保障津贴每年就增加几十亿美元。按复利计算在12年中，政府转移支出增加了1万亿美元。或者说，如果没有这种高估，美国现在的国债会减少1万亿美元，这占美国国债的四分之一以上。

这种高估还对一些经济研究的结论提出了疑问。根据美国经济学家估算，在扣除通货膨胀之后，从1973年到1995年，美国每小时实际收入下降了13%。由于收入与生产率密切相关，因此，得出的结论就是生产增长率放慢了。但如果考虑到消费物价指数每年高估了1.1%，那么，每小时实际收入不是下降了13%，而是增加了13%。对生产增长率放慢的结论就要重新审视。根据这个数字，经济学家对实际经济增长率和生产增长率每年低估了0.75%。同时，在根据消费物价指数估算时，中等收入家庭的实际收入在1973～1995年间只增加了4%，而根据实际生活费用指数估算，这种收入增加了36%。这些差别令经济学家惊讶，不得不重新审视他们的一些结论。

经济学是数字的科学。没有准确的数字就难以有正确的理论与政策。许多经济学家也提出了解决这一问题的设想，但实际操作起来不太容易。这个难题也是向经济学家的挑战。

谁在炫耀性消费

戴一只几百元的手表和戴一只价值百万元的手表，其看时间的功能是相同的。但戴一只用 18K 金做壳、满是钻石的名牌表能显示出主人与众不同的身份。经济学家把消费这种价格极其昂贵的名牌商品称为炫耀性消费。其含义在于这种消费行为的目的不在于其实用价值，而在于炫耀自己的身份——通常也称为"显摆"。

炫耀性消费这个概念是由美国制度经济学家凡勃伦在其成名作《有闲阶级论》一书中提出的。作为经济学中制度学派的创始人，凡勃伦对先富起来的资产阶级持批判和嘲讽的态度。他认为，这些人有了钱以后从显示自己的优越和荣誉的心理出发，从事浪费性消费，这就是炫耀性消费。他还以这个阶级如何在服装上争奇斗胜，借此炫耀自己的财富和地位来说明这一点。凡勃伦对炫耀性消费是否定的。这体现了他对资本主义制度的批判。

凡勃伦的《有闲阶级论》也曾洛阳纸贵，但并没有能阻止炫耀性消费的"发扬光大"。他去世后的几十年间，炫耀性消费愈演愈烈，成为一股不可抗拒的潮流。人们的观念也发生了变化。

德国企业家沃夫冈·拉茨勒写了一本名为《奢侈带来富足》的书。这本书被称为"风靡欧洲的奢侈宣言"，荣登德国《明镜》周刊的畅销书榜首。拉茨勒认为，少数富人放弃炫耀性消费并不能消除世界的贫困，炫耀性商品（奢侈品）的生产和消费对社会发展有积极的作用。它集中了最先进的技术，最和谐的产品美学，个性化和人性化的品质内涵。它能刺激创新，创造工作机会，塑造品位和风格。总之，只有肯定炫耀性消费才能增加社会财富，使更多的人生活更好。这正是《奢侈带来富足》的含义。

这两个人的观点其实代表了人们对炫耀性消费的不同心态。凡勃伦作为一个清贫的知识分子，从道德层次上批判炫耀性消费。拉茨勒作为拥有阿斯顿·马丁、沃尔沃、美洲豹、陆虎、林肯等众多名牌汽车的集团董事会主席，则从现实经济的角度称赞炫耀性消费。观点不同是正常的，仁者见仁，智者见智，也不必一致。是否进行炫耀性消费是消费者选择的自由。

在成熟的市场经济中，消费者的行为是理性的，进行炫耀性消费的都是企业家、演艺界大腕、社会名流这类极其富有的人——我们把这些人称为亿万富翁，美国社会学家理查德·康尼夫把这些人称为"大狗"。他们极其有钱，想进行炫耀性消费也正常。

但在我国，炫耀性消费并不正常。这些年炫耀性消费增长的速度远远快于经济增长、收入增长和消费增长的速度。宾利汽车、香奈儿香水、路易·威登皮包、江诗丹顿手表的消费远远高于发达国家水平。洋人也惊呼，顶尖级炫耀性商品在中国市场之大，令他们惊讶不已。谁在消费这些商品呢？

消费这些商品的当然有先富起来的极少数人。他们的财富也许还达不到"大狗"的水平，但消费这些商品的能力还是有的。无论他们消费的目的和心态如何，也不能算怪吧！

奇怪的是一些并不富裕，甚至连中产也达不到的人也在炫耀性消费。据报道，上海一些月收入2000元～3000元的女士居然去买16000元一个的路易·威登皮包。一些大学生，甚至中学生，家境并不好，也以消费名牌为荣，攀比之风愈演愈烈。炫耀要以经济实力为后盾，打肿脸充胖子是炫耀不起来的。当一个挎着路易·威登皮包的女士去熟练地挤公交汽车时，谁会相信她的包是真货呢？被人看作假名牌，不是炫耀而是丢人了。一个有点良知的大学生用父母从牙缝里省下来的钱买双耐克鞋，能炫耀起来吗？炫耀也是一个"系统工程"，不是省吃俭用买一件名牌就可以做到的。

无钱的炫耀性消费是虚荣，是一种非理性消费。一个社会不可能人人都去炫耀。炫耀是"大狗"们的事，想成为"大狗"，首先要奋斗。

中国人过洋节

这些年来圣诞节越来越火。与此相比，春节的气氛一年冷似一年，更不用说端午、中秋等节日了。有学者担忧传统的失去，便建议把中秋等传统节日定为法定假日。不过我总觉得立法和呼吁恐怕很难改变这种国人过洋节的趋势。

经济学家认为，在现代化的过程中，人们的生活方式和消费时尚也在不断变化，"热了圣诞，冷了春节"正反映了这种变化。现代化是生活水平不断提高和全球化加快的过程，全球化本来是双向的——外国影响我们，我们也影响外国。但为什么不是外国人"热了春节，冷了圣诞"，而是我们"热了圣诞，冷了春节"呢？这就涉及消费时尚的形成问题。

人们热什么节、冷什么节是一种消费时尚。消费时尚没有什么理性或非理性之分，无非是许多人都这样做，形成一种潮流而已。但某种消费时尚的形成、流行还是有原因的。消费时尚的来源之一是示范效应，即某些人为榜样，其他人模仿而形成一种消费时尚。谁能成为榜样呢？如果我们考察各种消费时尚的形成，一定是上层人士为榜样，其他人学习。在国际上，发达国家（尤其是美国）属于上层，他们过圣诞节，其他人就过圣诞节。在国内，社会名流是榜样，当他们都穿唐装时，唐装就成了时尚。

为什么是上层人成榜样，其他人学习，而不是下层人士成榜样，其他人学习？这首先是人作为动物的一种本能。动物行为学证明，在猴群中，当处于下层的猴子率先做某种举动（如由人教会它先洗水果再吃）时，其他猴子不会学。但当处于上层的猴王率先做这种举动时，其他猴子都会学。把上层人士的行为作为榜样是"人往高处走"，这样一种本能的反应。在社会中，发达国家可以运用各种方式（广告、电影、文学等）来宣传自己的生活方式，上层人士也有更多展现自己生活方式的话语权。这些潜移默化地影响人们的爱好，从而上层人士的行为就成为一种消费时尚的来源。这样，中国的上层人士学习洋人过圣诞节，其他人又学习这些人过圣诞节，就成为了一种愈演愈烈的时尚。很难用立法或其他方式来改变。从某种意义上说，"热了圣诞，冷了春节"也反映了我国现代化与全球化进程的加快，这不是人的意志所能抵抗的。

"热了圣诞，冷了春节"会不会破坏了传统呢？应该说，我们所说的传统是在前市场经济社会中形成的。有些传统是不好的，在现代化的过程中必须被消除，如保守、封闭、不相信科学，甚至"父母在，不远游"之类。用新的传统代替这些旧的传统是一种历史的进步。有些传统是好的，应该被保留，或作为新传统的一部分，如诚信、关心他人、关心社会，等等。还有些传统是无所谓对错的，如过什么节这类消费时尚。过节无非是人找个理由在一年的辛勤工作之后放松一下，享受一下而已。过春节之所以受重视是与农业社会的习惯相关的，而现代的城市生活与农业已经脱离了。圣诞节是旧的一年结束、新的一年开始之间的一种休息。不要把人们过节习惯的改变当作什么"外来文化入侵"的大事。甚至上纲上线到"和平演变"。这如同西装代替长马褂一样正常。以这种心态去看待"热了圣诞，冷了春节"你就不会大惊小怪，忧心忡忡了。

现代化的过程是各种文化融合的过程，但不同文化传统的特征不会消失。无论如何全球化，世界绝不会只有一种文化。文化的多元化是一种不可

154

抗拒的趋势。每一种文化都要吸收外来文化中更符合现代化特征的东西，同时也会保留自己文化中好的东西。正是在这个过程中，各国都会形成自己的新文化、新传统。这种新文化中既有先进的外来文化，也有自己好的传统。无论外来的文化多强大，传统文化也不会全部消失。日本自从明治维新以来就是全盘西化的，但它的传统文化并没有消失。日本传统的柔道、相扑、料理，以及国民那种谦恭的传统不都保留下来了吗？日本过圣诞节的人比中国还多，气氛还要热烈，这又有什么关系呢？犹太人生活在西方文化的包围之中，他们的许多传统不也仍然在起重要作用吗？

　　一种过节习惯的改变不是什么大事，何况这种情况并不是突变的。"热了圣诞，冷了春节"的现象现在主要还是出现在一些城市年轻人中。广大农村和老年人依然是"热春节，冷圣诞"，恐怕以后也不会出现全民过圣诞节的情况。谁愿意过什么节是个人选择，完全不必进行引导，倒是商家应该重视这种消费时尚改变，利用这个机会获得商业上的成功。这就是"圣诞经济"。

　　随着经济的发展，我们的消费时尚还会有许多变化。不以与时俱进的心态去看待这一切，你就有可能成为21世纪的"九斤老太"，这才是悲剧。

汽车降价未必是好事

江南奥拓首次降价到 3 万元以下（2.98 万元）。业内人士估计，这将引发新一轮的微型汽车价格战。在消费者看来，汽车降价是一件好事，因为许多人可以更快地圆自己的汽车梦。但且慢高兴，我们更全面地来看看汽车降价的效应。

业内人士透露，基本型奥拓车的生产成本在 2.6 万～2.7 万元之间。如果按 2.98 万元的价格卖，扣除各种经营成本之后，利润就微乎其微了。当然，在世界范围内，汽车的利润也并不高（在 3%～6% 之间），但大汽车公司主要依靠规模经济，实行薄利多销，以大销售量来增加总利润量。在世界汽车业的发展过程中，总趋势是价格不断下降。这一方面是由于汽车业供大于求，竞争压力迫使汽车降价；另一方面是规模经济使生产与营销成本大幅度降低，为降价提供了基础。中国汽车的降价以什么为基础呢？

显然，中国汽车业不是以规模经济和成本下降为降价基础。中国的许多汽车远达不到规模经济的水平，也谈不上降低成本。在这种情况下，降价只要采用另外两种方法：迫使配件厂降低零部件价格，以及用减少配置来降价，例如，把钢板从 1.2 规格降为 1.0，或者用便宜的塑料件来代替较贵一些的塑胶件。

这后两种做法实际上都是通过降低汽车质量来降价。当迫使配件厂降价时，这些厂不得不用降低质量的方法来减少成本，当减少配置或采用更便宜的零件时，整体质量当然下降了。因此，降价对消费者并不一定是一个好消息。尽管消费者买车时付的钱少了，但他们得到了质量、安全性质也同样降低的车。如果你是消费者，你愿意多花点钱买可靠的车，还是买低价而质量差的车呢？在目前汽车行业竞争激烈的情况下，汽车厂家不得不降价以占有更多市场份额，是可以理解的。但这绝不是汽车业发展的人间正道。从短期来看，这样降价可以获得一点好处，但从长期看，这种做法实际上毁了整个汽车业——那种质量下降的低价车最终会被消费者抛弃，更别说以这种车进入世界市场了。

应该说，微型车有低价、方便、省油等优点。欧洲国家许多人都爱微型车，这也是以后我国汽车工业发展的方向之一。但微型车决不等于低质量车，甲壳虫、Mini Cooper等微型车质量都是很好的。所以，微型车不能仅仅靠价格取胜，应该与其他所有物品一样，实现物美价廉。从这个角度看，价格尽管重要，但决不能成为竞争的唯一手段，比价格更重要的是产品质量与特色。如果不在产品上下功夫，只以价格取胜，彩电行业就是前车之鉴。

这点道理也许谁都懂，但问题是我国汽车工业总体水平不高，提高质量、降低成本谈何容易？提高质量、降低成本仍然难在规模太小，没有实现规模经济。我国的汽车整装厂有一百余家，但年产量在1万辆以下的占了90%以上。这样的规模当然什么都谈不上。从这种意义上看，汽车行业价格战的意义就在于把一批规模小、效率低的汽车厂挤出市场，让有实力的汽车厂在价格战中做强做大。这也是全世界汽车工业发展之路。

汽车工业发展的另一条途径是实现零部件的全球采购，而不必拘泥于国产化。在全世界范围内采购质量最好、最便宜的零部件是降低成本的捷径，也是世界上汽车企业成功的经验。全世界采购，当然也包括采购国产的零部件。但国内配件厂要能有竞争力也必须降低成本，提高质量。所以，像目前这样只重视整车生产是不行的，必须大力发展汽车零部件。也许我们短期内无法使所有汽车零部件都达到国际水平，但集中做好某些汽车零部件还是可以的。

在效率没提高，成本没下降之前，汽车降价并不一定是个好消息。只有在汽车工业效率提高之后，降价才真正有利于消费者。我们相信这一天的到来，也盼望这一天的到来。

买空卖空求稳定

· · · · · · · ·

　　20 世纪初的一天，芝加哥期货交易所突然闯进来几名警察，抓走了一个交易商。原来是有人做期货交易赔了钱，状告交易商买空卖空欺骗他。警察不知道期货交易规则，以为交易而无货必是诈骗就来抓人了。当然，这名交易商很快就被放了。而且以后期货交易有了法律保护，警察也不敢来随便抓人了。但也有人仍不明白期货市场上买空卖空到底是为了什么。

　　假设某面粉生产者在 3 月份时预计 8 月份需购进小麦 1000 吨，目标价格为每吨 5000 元。按这种价格进货他赚到预期的正常利润。如果小麦涨价他有亏损，如果小麦跌价他获得超额利润。他不希望亏损，也不想获得超额利润。这就要在期货市场上进行交易。期货交易是按现在的价格买卖未来的物品，但所买卖的只是期货合约，并没有实物，交易的结束是通过一买一卖的对冲，即先买后卖或先卖后买进行对冲，对冲后结清价格余额。

　　假定 3 月份时，8 月份小麦的期货价格为每吨 5000 元。但由于价格看涨，他买不到 8 月份远期小麦。于是他以这一价格购买 1000 吨 8 月份小麦期货合约（如果每份小麦期货合约为 50 吨，则是买进 20 份合约）。到 6 月份时，8 月份小麦期货涨至每吨 5500 元。小麦生产者按此价格卖给面粉商 8 月份远期小麦 1000 吨。在远期市场上他的小麦进价比目标价格高 500 元。在期货市场上他把每吨 5000 元买的小麦期货卖出（先买后卖的对冲），每吨为 5500 元，赚了 500 元。远期市场上比预期多付的每吨 500 元由期货市场上赚到的这每吨 500 元弥补，正好是实现了目标价格。这就是期货交易在买空卖空中实现了价格稳定的实践。

面粉商在期货市场上进行的这种交易活动称为套期保值。套期保值的意思是两面下注，保证不输不赢。这就是在现货市场（远期市场是一种形式）和期货市场上同时采取相反的行动，当在一个市场上买时就在另一个市场上卖，或者相反。其目的是不赔不赚，实现保值。因此，套期保值就是把期货市场作为转移价格风险的场所，这种期货交易活动是一种转移风险的活动。我们这位面粉商的做法是先买后卖，称为多头套期交易，如果先卖后买就是空头套期保值。由于期货交易是买空卖空，无须实物转移，就提供了一个方便的回避风险的做法。套期保值者为回避风险所需付出的只是这种套期交易的手续费。

那么，谁为套期保值活动承担风险呢？在期货交易中，是投机活动为套期保值承担了风险。套期保值在期货交易中所赚的，正是投机活动所赔的。在这个例子中，当套期保值者（面粉商）预期价格上升以每吨 5000 元买了 8 月份小麦期货时，必定有投机者预期价格下降卖出 8 月份小麦期货。如果价格上升，则套期保值者赚，投机者赔；如果价格下降，则套期保值者赔（当然他可以在实物市场上得到补偿），投机者赚。投机者是为了获得利润而冒险，当然不会两面下注。

投机是期货市场上的重要活动，没有投机者，套期保值者也不可能存在。谁都想套期保值，转移风险，没有人承担风险，期货市场无法存在。投机者的目标不是保值，而是获利，获利的动机使他们愿意承担风险。投机者的出现是期货市场形成的标志。在一个期货市场上投机越活跃，市场越稳定。

期货市场的存在为生产者实现套期保值提供了方便，从而有利于稳定自己的目标价格。这种经济活动中风险的减少当然是有利于稳定的。另一方面，期货市场还可以通过千百万套期保值者和投机者的交易活动反映未来价格的走势，这被称为发现价格的作用。由于期货市场决定的价格能正确地反映供求变动状况，所以对指导生产与其他经济活动及稳定经济有重要的作用。20世纪初的美国警察不了解这种买空卖空的作用，现在这一点已是普通常识了。

我们在分析问题时为了方便起见把套期保值者与投机者分开。实际上很难区分哪一次交易是套期保值，哪一次是投机。也很难区分谁是套期保值者，谁是投机者。期货市场可以转移风险，也可以冒险求利。所以，把期货交易作为一种风险管理更为恰当。这就是通过期货交易使财产增值保值。

现在世界期货交易已非常发达，在80年代还产生了期权交易。而且，期货与期权交易都以金融证券为主。计算机联网的发展使全球期货市场连为一体，任何一个人可以在任何一个地方参与任何一个期货市场的交易。期货市场对全球经济的影响更为重要。这当然会引起某些暂时的波动，但从长期来看这种全球范围的买空卖空的稳定作用还是主要的。

价格大战面面观

· · · · · · · ·

世纪之交，企业之间的价格大战是中国市场一道亮丽的风景线。先是彩电降价拉开了序幕，以后则有 VCD 大战、微波炉大战，一直到手机价格大战。价格战的硝烟还没有消失，评说者之争亦有相当的火药味。赞之者称它为中国经济市场化的进步，反对者指责它无序而混乱，主管者则想用行政手段来控制价格之争。谁是谁非应该由实践来回答，而标准应该是看它推动还是阻碍了中国市场化的进程。

市场经济的活力在于竞争。竞争方式是多种多样的，但价格竞争是首要的。市场经济的中心在于形成一种合理的价格，即经济学家所说的均衡价格。这种价格为消费者所接受，说明它与消费者对物品的评价是一致的；同时，又为生产者所接受，说明生产者生产物品是有利的。这种均衡价格不是哪个人或哪个机构决定的，而是在竞争过程中自发形成的。

在传统计划经济下，价格由行政决定，或低（如医疗、房租等），或高（如彩电、电信等），不符合市场经济规律。放开价格后，价格有一个回归正常过程，过去定价低的产品与劳务价格上升，定价高的产品与劳务价格下降，正是价格正常化的表现。值得注意的是，发生价格大战的行业主要集中在过去的暴利行业中。这些行业过去多由国家垄断，定价过高。降价之后这些行业整体仍没有亏损，无非暴利减少而已。有降价余地，说明价格仍不合理。只有在这种硝烟弥漫的价格大战中，价格才能回归正常。价格下降，由暴利走向微利，是市场经济成功的标志。

价格竞争也是打破垄断、促进企业提高效率的有力手段。在一些垄断行业中，高价格带来的高利润掩盖了企业内部经营管理不善带来的低效率，也没有向消费者提供优良的服务。价格竞争的压力会迫使这些原来的垄断者向管理要效益，在市场中求发展。还有一些高价格实际来自垄断行业的不合理收费，如中国独有的手机入网费和双向收费。手机市场上的降价甚至取消入网费之争实际上仅仅是由竞争推动这些不合理收费的减少或取消，还谈不上价格竞争本身。如果不通过价格竞争迫使这些企业取消不合理收费，提高管理效率，又如何能面对加入世贸组织后的全球竞争呢？

价格竞争中会有一批达不到规模经济或效率低下的企业破产或被兼并。这正是价格竞争优胜劣汰的作用。20世纪初美国曾有过100多家汽车制造厂，正是在激烈的价格大战中，其他厂家纷纷破产。只剩下通用、福特和克莱斯勒三家。没有当年的价格大战，能有美国汽车工业的今天吗？现在我们遍地开花的小汽车厂、彩电厂、VCD厂、冰箱厂，等等，也要在价格大战中被淘汰，这样，中国工业才能走上规模经济的高效率之路。这也是市场化的必由之路。

价格大战是经济走向市场化的重要一步，正在这种意义上，我认为爆发价格大战是经济市场化进步的表现。那种把价格竞争贬低为初级竞争，甚至卑劣竞争的看法，实际上是不了解价格竞争在市场化中的重要作用。用行政手段限制甚至禁止价格竞争是有意无意地阻碍市场化进程，对市场经济仍持一种叶公好龙式的支持，骨子里总认为自己比市场高明。

从理论上说，在价格竞争中也有一种掠夺性定价的做法，即大企业以低价格挤垮其他企业，然后实现自己的垄断，再提高价格来剥削消费者。不过在现实中，还没有看到哪家企业是这种掠夺性定价的做法。个别彩电、VCD

厂家也许有这种愿望，但它们没有能力做到这一点。以防止掠夺性定价为借口往往限制了正常的价格竞争。应该说，价格竞争在我国刚刚拉开序幕，即使出现了这样那样的问题也不是禁止，而是引导。何况我国价格大战尽管激烈，但主流仍然是正常的。对于其中出现的问题也只能依法来纠正。

当然，企业除了价格竞争之外还要学会运用非价格竞争（服务和质量竞争、广告竞争等）。包括价格竞争在内的各种竞争都应该在法律所允许的范围内进行。谁也不是天生的企业家，只有在竞争中才能学会竞争。也只有在看似无序、混乱的价格大战和其他竞争中才能建立正常的市场经济秩序。鼓励竞争才是我们经济的希望之所在。

让价格大战的暴风雨来得更猛烈些吧！

商品由短缺到过剩

记得彩电相当紧俏的时代，有人就是靠"倒彩电"发了财。尽管国家控制着价格，但与当时的收入水平相比，价格还相当高。买彩电凭票，据说有的彩电厂把彩电票作为奖金发给工人，每张票卖到好几百元。之后彩电供求趋于平衡，再以后就是彩电卖不出去，爆发了降价风潮，拉开了中国价格战的序幕。回顾这一段历史我们可以认识到决定价格的另一种因素——供给——的规律。

供给是在每一种价格水平时，生产者愿意而且能够供应的某种物品的数量。在影响供给的生产要素价格与数量、技术水平和预期不变的情况下，价格越高，供给会越多，这被称为供给定理。这就是说，价格越高，生产者获利越多，当然也愿意供给更多，但是，供给要受供给能力的限制。生产者愿意多供给并不等于它能多供给。供给是供给愿望与能力的统一，仅有愿望而没有能力是不行的。当时中国彩电企业正是这种情况。

随着人们收入普遍增加，彩电成为首选的奢侈品，能买得起1200元左右一台14英寸彩电的人相当多，于是彩电需求剧增。当时彩电价格仍受到严格控制（记得在一次价格风波中，当时有关领导曾保证彩电不涨价），所以，无法用调高价格来抑制需求。彩电生产受到生产能力的制约，供给无法迅速增加，这就产生过度需求或供给不足，为"倒彩电"和彩电票变成货币创造了条件。这告诉我们，像彩电这样的产品在需求迅速增加、价格上升（或变相价格上升）时，供给是无法立即大量增加的。

彩电的短缺刺激了国内各地引进彩电生产线，建设彩电厂。彩电业在全国开花，除西藏外各省市都有了彩电厂。这就引起彩电市场走向均衡，甚至很快又走向过剩。这个过程说明在需求增加、价格（或变相的价格）上升后，供给的变动是与时间长短相关的。我们可以用供给弹性的概念来说明这一点。

供给弹性是某种物品价格变动所引起的供给量的变动程度，用供给量变动百分比与价格变动百分比的比值来表示。例如，某种物品价格上升10%，供给量增加20%，则供给弹性为2。如果无论价格如何变，供给量都不会变，则供给弹性为零，即供给无弹性。如某些已去世画家的作品就是这样。如果价格既定时，供给无限。则供给弹性为无限大，即供给无限弹性。如用山间清泉生产的矿泉水时就是这样。正常情况下，价格变动百分比大于供给量变动百分比为供给缺乏弹性，价格变动百分比小于供给量变动百分比为供给富有弹性。

某一种物品供给弹性的大小与生产所需生产要素与技术相关。所以，不同行业产品的供给弹性是不同的。一般来说，所用设备先进、生产规模一旦确定就不易改变的重工、化工、电子、汽车等行业的产品往往供给缺乏弹性，需求增加时，供给难以马上增加，需求减少时，供给也难以马上减少。彩电的情况就是这样。彩电需求激增时，彩电厂受生产规模限制，难以很快增加，但90年代后供大于求时，彩电产量也难以有大幅度减少。正因为如此，这些行业要确定一个最优规模。规模小会失去赚钱的机会，规模大又会形成生产能力过剩，彩电业现在的困境正在于当年遍地开花，生产能力过剩。这种产品缺乏供给弹性，产量减少不易，剩下的一条路只有降价"煮豆燃豆萁"了。

对同一种产品来说，供给弹性也不是一成不变的，而与时间长短相关。对许多产品来说，当需求与价格变动时，供给变动的可能性很小。例如，即使彩电涨价100%，在很短时期内，产量也难以增加，因为设备与生产能力是固定的，原料与人力也难以增加，除了把库存投入市场外，供给变动不大。这就是说在短期内，供给弹性几乎是零。在短期内，尽管设备与生产能力不能变，但可增加原料与劳动，产量还是可以增加的，这时供给缺乏弹性，但比短期要大。长期中，设备与生产能力可以根据市场需求与价格预期来调整，供给是富有弹性的。彩电由短缺走向平衡正是供给弹性随时间而加大的过程。至于以后的过剩局面则是在调整长期生产能力时预期失误的恶果。

一般来说，企业在投资时要根据长期市场需求和行业规模经济特点确定最优规模。短期中要根据暂时的市场变动做出反应。在作这种决策时一定要考虑到供给弹性这个因素。彩电市场就是没有考虑到这一点，以致现在彩电产量难以随价格下降而减少。恐怕除了开拓国外市场增加需求之外，难以迅速改变彩电市场过剩的局面。

先进未必是好的
• • • • • • • •

据报道，我国邮政要实现信件分拣自动化，即用机器代替工人分拣信件。从经济学的角度看，这是好消息还是坏消息？我们先从邮局的角度来看。

假设邮局作为一个企业引入自动分拣机的目的是实现利润最大化。自动分拣机的运用能否达到这一目的，涉及两个重要概念：技术效率和经济效率。

当不增加投入（生产要素）就不能再增加产出时就实现了技术效率。换言之，技术效率是产出既定时投入最小，或者投入既定时产出最大。当不增加成本不能再增加收益时就实现了经济效率。换言之，经济效率是收益既定时成本最小，或者成本既定时收益最大。技术效率是生产中投入与产出之间的物质技术关系，不涉及产品与要素的价格。经济效率是生产中成本与收益之间的经济关系，涉及产品与要素的价格。

企业利润最大化，既要实现技术效率，又要实现经济效率。技术效率是基础，没有技术效率，就谈不上经济效率。但只有技术效率而没有实现经济效率，也谈不上利润最大化。

假设某邮局引进一台自动分拣机。只需一人管理，每日可处理10万封信件。如果用人工分拣，则处理10万封信件需要50个工人。对邮局来说，这两种情况都实现了技术效率。

经济效率涉及价格。处理 10 万封信件，无论用什么方法，收益是相同的，但成本不同。假设分拣机一台为 400 万元，使用寿命 10 年，每年折旧为 40 万元，假定贷款利率为 10%，每年利息为 40 万元（400 万元 ×10%）。再假设分拣机每年维修、用电、人工费用为 5 万元。这样，使用分拣机的成本为 85 万元。假设每个工人每年工资为 1.4 万元，50 个工人共 70 万元，其他支出为 5 万元。这样，用人工分拣的成本为 75 万元。在以上假设条件之下，使用人工分拣成本低。所以，用人工分拣实现了经济效率，而用分拣机没有实现经济效率。

在这个例子中，是否实现了经济效率取决于生产要素（分拣机和工人）的价格。如果分拣机价格没变，而工人工资上升到每年 1.6 万元，则这两种方法都实现了经济效率。如果工人工资高于 1.6 万元，或分拣机价格下降，利率下降，则使用分拣机可以实现经济效率。

这个例子告诉我们，如果两种生产方法都能达到同样的技术效率，那么，使用哪种方法能实现经济效率则取决于生产要素的价格。在发达国家，资本设备便宜而劳动工资高，使用资本密集型方法（用分拣机）是合适的。但在发展中国家，资本设备贵而劳动工资低，如果使用机器和人工能达到同样的产品或劳务质量，还是使用劳动密集型方法（用人工）更为合适。所以，我对邮局用自动分拣机始终持怀疑态度。

对一个社会来说，用哪种方法还要考虑不同方法对整体经济的影响。对像我们这样人口众多、就业压力大的国家来说，是否用自动分拣机代替工人不仅要考虑企业利润最大化，而且还要考虑增加就业这个大问题。我总认为，从我们的具体国情出发，经济增长方式的选择要以扩大就业为中心。用自动分拣机替代的是不熟练工人。这是经济中失业率最高的一个群体，也是最难再就业的失业者。当他们被自动化分拣机代替时，在其他地方很难就业。

当然，如果邮局完全是企业化经营，使用什么方法是他们自己的决策，政府不应该干预。但政府可以用产业政策来影响邮局的决策，例如，对使用人工分拣给予税收优惠或吸收下岗工人的补贴，或者提高购买自动分拣机资金的利率，等等。在市场经济中，政府是不能干预企业决策的，但应该用经济政策引导企业作有利于整个社会资源最优化的决策。

许多经济学家认为，发展中国家不应该盲目引进最先进的技术，而应该采用最适于自己国情的技术。如果先进的设备是提高产品质量或实现规模经济所必需的（例如在汽车、石化、电子等行业中），那就必须采用资本密集型方法。如果先进的设备作用仅仅在于代替劳动（如自动分拣机），那还是用劳动密集型方式更合适。历史经验也证明，盲目追求自动化、机械化并不一定能带来更好的结果。

总之，从我国目前的实际情况来看，实现信件分拣自动化未必是一个好消息。

没有卖不出去的产品

· · · · · · · · · ·

在美国，经济学教科书多如牛毛。在我国，翻译的或国内学者编写的同类教科书也相当多。然而，美国哈佛大学教授曼昆推出的《经济学原理》，在美国初次印刷发行即达 20 万册，该书中文版问世后不到半年内也销售了 8 万册。在竞争激烈的经济学教科书市场上，曼昆的《经济学原理》为什么能一枝独秀，而其他同类教科书也有自己的市场？解开这个谜的关键是经济学教科书市场的结构特征。

经济学教科书市场属于垄断竞争市场结构。这种市场既不同于生产同质产品的完全竞争市场，又不同于只有一家企业的完全垄断市场。它是一种既有某种程度垄断，又有竞争的市场结构。形成这种市场结构的关键原因是产品差别的存在。

在经济学中，产品差别不是指不同产品的差别。例如，衣服与书籍的差别。而是指同一种产品在质量、牌号、形式、销售条件、服务等方面的差别。例如，同一种经济学教科书写作质量、出版社与作者名气、包装与封面版式设计，在不同地方出售，或相关软件服务等方面的差别。

产品差别会引起垄断。这是因为每一种有差别的产品都会以自己的特色吸引一部分消费者，从而形成对这部分消费者的垄断。这就使生产这种有差别产品的市场具有某种垄断程度。但有差别的产品又是同一种类物品，相互之间存在相当大的替代性，这些有替代性的产品之间必然为争夺消费者而竞争。这就使这种市场有竞争性。产品差别既引起垄断，又引起竞争，所以，这种市场就是一种垄断和竞争以不同程度混合的垄断竞争市场结构。

在垄断竞争市场上，短期中有差别的产品可以以自己产品的特色形成垄断地位，从而提高价格或扩大销售获得经济利润，即由垄断带来的利润。但在长期中，其他产品也会创造出自己的特色吸引消费者，各种有差别产品之间的激烈竞争会使经济利润减少或消失。在这种市场上，企业实现利润最大化的方法就是创造产品差别。

产品差别有些是客观的，有些则是消费者的主观感觉，甚至客观存在的产品差别也要得到消费者的认可才能作为一种产品差别发生作用。因此，这种市场上企业不仅要生产出花色品种不同的产品，还要通过广告宣传使消费者认识到这些产品差别，并愿意购买。

经济学教科书之所以是垄断竞争市场就在于这些教科书是有产品差别的产品。以国外比较流行的经济学教科书而言，萨缪尔森和诺德豪斯写的《经济学》以历史悠久（第一版出版于1948年，其结构成为其他同类教科书的范本）和内容全面而著称；迈克尔·帕金的《经济学》以理论体系严谨、内容有一定深度而受欢迎；奥沙利文和谢夫林的《经济学》以通俗易懂、与电脑运用密切配合而畅销……这类书种类很多，但每一部都有自己的特色，并以这种特色占有一定份额市场，得到一部分消费者的欢迎。但由于这些教科书内容基本相同，它们之间的竞争也是十分激烈的。美国经济学家不断修改自己的经济学教科书（一般是3年一版），美国出版商向大学教师赠最新教科书，反映了这种竞争的激烈性。

曼昆的《经济学原理》能在这竞争激烈的市场上获得成功就在于他创造出了自己的产品特色。曼昆是知名的中年经济学家，对经济学前沿的熟悉使他写的教科书能反映出经济学最新进展。他注意到一些经济学教科书求全求严谨的缺点，以通俗的事例、故事、政策分析来介绍深奥的经济学原理，使沉闷的经济学让人读起来轻松、愉快。与其他同类经济学教科书相比，《经济学原理》具有简明性、通俗性和趣味性的特色。曼昆以他那幽默风趣、流畅简练的文风写出了这样一本书，也就创造了自己的产品差别。加之，出版前出版社以140万美元的高价征求书稿，出版后又好评如潮，这就让读者认可并接受了它的产品差别。有产品差别的产品在市场上获得成功是理所当然的。

曼昆《经济学原理》成功的事例告诉我们：只有市场不欢迎的产品，没有卖不出去的产品。只要你能创造出自己有特色的产品就不怕没有市场。一些出版社总抱怨同类书太多不好做。其实同类书无论再多，只要有产品差别就有市场。如果不在创造产品差别上下功夫，只"克隆"别人成功的书，或评出一本又一本充满陈词滥调的书，恐怕连出版者自己也不想要。这个道理当然也适用于所有企业。

创新让市场由冷转热

冰箱曾在日本市场上严重滞销，零售价以每年 5% 的幅度下跌，各厂家叫苦不迭。然而不久之后，冰箱的销售量比上年同期又增加了 6.1%。各厂家对以后的市场仍然看好。冰箱在日本已相当普及，它们如何使市场由冷变热？答案在于日本冰箱厂家的技术创新。

经济学上，创新这个概念是美国经济学家熊彼特在 1912 年出版的《经济发展理论》一书中提出的。他给创新下的定义是"生产要素的重新组合"。其形式包括五种：引进一个新产品，开辟一个新市场，找到一种原料的新来源，发明一种新的生产工艺流程，采用一种新的企业组织形式。熊彼特认为，创新是社会经济进步的动力。创新不等于发明，是把已有发明运用于实际，创新的主力是企业家。今天我们认识到了创新的意义，创新成为最时髦的词汇，但对创新的理解并不全面。

在许多人提到创新时，往往习惯于把创新说成"科技创新"，似乎创新是与科学或技术联系在一起的。其实，按熊彼特的解释，采用一种新的企业组织形式这种制度上的变革也属于创新。熊彼特之后，创新理论发展为技术创新论与制度创新论。在某种意义上说，制度创新比技术创新更重要，因为没有制度上的创新就不会有技术创新。制度创新是技术创新的基础，这就在于，技术创新取决于社会激励机制，而激励机制本身是一种制度。可以说，近代西欧科学技术的创新是建立在产权制度与专利制度的基础之上的。中国科学与技术的长期停滞与封建社会缺乏这样一些制度相关。美国经济学家诺思强调增长的"路径依赖"，其含义就是引起近代经济迅速增长的科技创新是从制度创新开始的。

人们在谈论创新时还在科技创新前冠以两个形容词："高"、"新"，似乎不高不新的东西都说不上是创新。其实这又是一种误解。蒸汽机的发明、钢铁与化工业的兴起、电力的运用以及现代电子计算机技术的突破当然是创新，而且是极大地改变了人类生活面貌的重大创新。这些创新对社会经济发展有极大推动作用，而且也为其他创新奠定了基础。

但是，创新绝不仅仅局限于这些重大的科技突破。这些里程碑式的科技突破在人类历史上毕竟不多，而且，它们也是无数中等或小型技术创新积累的结果。在熊彼特的定义中，每一种形式都既包括重大科技突破，又包括中等甚至小的技术进步。例如，蒸汽机、个人电脑的发明属于引进一种新产品，利用已有的内燃机技术发明汽车属于引进一种新产品，用同样的纺织品造出不同的衣服也属于引进一种新产品。

日本人在世界上并没有获得什么重大科技突破，但他们以原有技术为基础发明的卡式收录机、随身听、家用摄像机和傻瓜相机却风靡全球，为他们带来滚滚利润。汽车和彩电并不是日本人发明的，但他们却以高质量、低价格的汽车和彩电占领了世界市场。这些都是创新。甚至仅仅是对原有产品的改进也是创新，因为这会开拓新的市场。

近年来日本人对冰箱的改进就是如此。三菱公司发现－18℃时把肉食冻硬，0℃左右的冷藏室无法冻肉，两者都有缺点，于是，增加了－7℃的软冻室。日立公司提供25分钟将食品速冻（普通冰箱冷冻速度的3倍）的冷冻室，提高了保鲜度，且节电50%。三洋公司将超市出售肉类生鲜食物的"冷气帘"（冷气循环）技术用到冰箱中，提高了防腐性，将保鲜期提高1倍。松下公司则听取家庭主妇的意见提高了冰箱的方便性。这正是使冰箱市场由冷变热的技术创新，创新不分大小，勿以创新小而不为之，日本的经验告诉我们，小小创新中也蕴含了大大商机，对经济增长相当重要。

对我们这样在科学技术实力上尚不强大的国家来说，短期内要获得有里程碑式意义的科技突破不容易，但要利用现有的技术实现中小创新还是大有作为的。要实现这种创新，关键不在那种空洞的号召，而在实实在在地创立一套能促进创新的制度。按这种思路去组织创新活动，创新就会带来古老中华民族的复兴。这是别人走过的成功之路，也是我们的必由之路。日本几家公司冰箱创新成功的案例给我们的企业家上了生动的一课。如果我们能这样去创新，还怕什么市场疲软、需求不足吗？

是是非非话微软

世界计算机行业的最大新闻莫过于微软老板比尔·盖茨辞去首席执行官的职务，而由其好友巴尔默接任了。在这一事件的背后是美国联邦司法部对微软垄断问题长达10年的漏查与诉讼。1998年11月5日，美国联邦地区法院法官汤姆斯·杰克逊公布了长达207页的事实认定书，认为微软在个人电脑操作系统中独占了巨大的市场份额，打击、威胁竞争对手，使其他企业难以进入该市场，而且，没有可替代Windows的商业操作系统。微软面临被解体的危险。微软是否应该被解体人们也众说纷纭。

围绕微软的这场争论实际上是美国一百多年来围绕垄断问题所发生的争论的继续。但对垄断的利弊至今也没有一个定论。在历史上，美国政府曾解散过被作为垄断的标准石油公司和美国电话电报公司，近年来，又促成过波音与麦道成为垄断的合并。垄断到底是好是坏，真令人是否莫辩。

反对垄断的人认为，市场经济的活力在于竞争。但具有垄断地位的企业排除了其他企业进入该行业的可能性。垄断者控制了产品的产量和价格。一方面，产量低于完全竞争时的水平，达不到最大化，造成资源浪费，效率低下。另一方面，价格高于完全竞争时的水平，以高价格剥削整个社会和消费者，引起社会福利的净损失和消费者剩余的减少。因此，反垄断与垄断的产生几乎是同时出现的。早在1890年美国国会就通过了第一部反垄断的立法——谢尔曼反托拉斯法。以后又不断修改和完善这一法律。反垄断法的中心是阻止垄断的形成（或解散已形成的垄断），或对一些无法避免的垄断（经济学家称为自然垄断），限制其行为。反垄断的确也是有成效的。美国电话电报公司作为垄断被解体之后，电信业的竞争促进了该行业的发展，也使消费者获得了服务更好、价格更低的好处。

但在现实中并没有，也不可能完全消除垄断。近年来遍及美国和全世界的合并风潮，表明垄断还有加强的趋势。这主要因为，经济学家是"一分为二"地看待垄断的。支持垄断的人认为，垄断有两个重要的优点：一是以其雄厚的人力与物力进行科技创新。技术创新在经济中起着越来越关键的作用。在市场经济中，基础科学研究可以作为公共物品由政府资助，但技术创新的主体是企业。竞争企业力量有限，难以得到重大创新，垄断或巨大寡头企业才是这种创新的主要来源。"二战"后以多项科学技术突破而闻名世界的贝尔实验室正是以美国电话电报公司的垄断实力为后盾的。

二是其在激烈的国际竞争中有更强的竞争力。许多产品，例如，飞机、汽车等是世界性的，它们的主要竞争市场在国际上，而不是国内。要使生产这类产品的企业能与其他国家的企业竞争，就必须有足够的实力。这样实力强大的企业在国内往往是垄断企业。当国际的竞争优势大于国内垄断的弊病时，这样的垄断就会得到支持。波音和麦道的合并得到美国政府的支持与促成，正是为了加强在国际大型民用客机市场上与欧洲空中客车公司的竞争。合并之后，新波音在世界市场上的份额占到 75% 左右，这无疑大大加强了国际竞争力。

随着科技进步在经济增长中作用的日益加强和全球经济一体化趋势的加剧，垄断的这两个优点更突出了。这正是现在人们对垄断变得更加宽容，合并风潮席卷全球的重要原因。

围绕微软的争论实际也是对垄断问题争论的又一次爆发。美国司法部的观点表现出对微软垄断的忧虑，这也代表了美国个人电脑业与 IT 行业一些企业，以及消费者的利益。它考虑更多的是垄断的弊端。但也有不少人反对对微软的指控。他们认为，微软是美国新经济的象征。如果跟微软过不去，对美国高新技术发展是一个损害，也不利于美国在世界个人电脑与 IT 业的霸主地位。反垄断拿微软开刀，对美国经济是祸不是福。持有这种见解的人考虑更多的是垄断的利益。

垄断者也做广告
· · · · · · · ·

德比尔斯是南非的钻石公司,它的广告词"钻石恒久远,一颗永流传"为许多人熟知,也使许多人怦然心动。德比尔斯控制了世界钻石生产的80%左右,成为世界钻石市场的垄断者。当它在英国伦敦舰队街的一座小楼上举行每年的钻石交易会时,不许买主有讨价还价的权力,谁要不接受它的一口价,下次就不许参加交易会。这样霸道的垄断者为什么还要做广告呢?

我们知道,垄断是某种产品唯一的供给者,这种市场上没有竞争,当然也就不需要作为竞争手段的广告了。德比尔斯尽管没有控制世界100%的钻石生产,但80%的市场份额已使它可以像垄断者一样行事了。德比尔斯之所以做广告主要并不是由于它的垄断地位受到本行业之内来自俄罗斯和斯里兰卡(它们主要控制另外20%的钻石供给)的威胁,而在于它是一种无保障的垄断。

按照经济学的解释,如果一个企业是其产品唯一的卖者,而且如果其产品并没有相近的替代品,这个企业就是垄断者。形成垄断的基本原因是进入障碍,即其他企业无法进入该行业,使这个企业保持了唯一卖者的地位。进入障碍有两个来源。资源控制和规模优势(只有一个生产者时平均成本才能最低)所引起的垄断称为自然垄断,政府立法(如政府特许经营或专利权）所引起的垄断称为立法垄断（或合法垄断、人为垄断）。垄断者控制了该行业的市场，可以通过控制产量来确定价格，从而实现利润最大化。这就是说，垄断市场无竞争，所以，不用采取价格竞争或非价格竞争（如广告）手段。

但是，有两种情况会威胁到垄断者唯一卖者的地位。其一是相近替代品的存在或出现。其二是潜在进入者的进入威胁。在这两种情况下，原有垄断者的地位没有保障，称为无保障的垄断，也就是它们的垄断地位随时可能被打破。这些无保障垄断者在感到自己的地位受到威胁时，就要为未来可能的竞争，或阻止潜在竞争者进入而未雨绸缪，采取一些预防式竞争手段。

德比尔斯公司正处于无保障垄断者的地位，它可能的竞争对手不是来自潜在进入者（因为现在还看不出哪个地方能发现南非这么多的钻石。已知的钻石资源难以对它形成威胁），而是来自相近的替代品。与钻石类似的装饰品有翡翠、红宝石和蓝宝石等。这些其他宝石能否替代钻石取决于人们的评价。如果人们认为，钻石和其他宝石都有类似的装饰作用，可以满足自己炫耀性消费的欲望，或足以代表自己的身份，其他宝石就是钻石的相近替代品，德比尔斯的垄断地位就被打破了。这时，德比尔斯对钻石收取高价或采用不许讨价还价的霸道做法，就会使人们转向其他宝石。

但是，如果人们认为钻石有其他宝石所不能代替的独特之处，例如，只有钻石才能象征爱情的永恒，作为结婚或定情信物只能送钻戒，德比尔斯就可以保持钻石的高价，并在那座小楼里霸道下去。因此，德比尔斯做广告的目的就是要把钻石与其他宝石分开，让消费者接受钻石无可替代的观念，以确保自己的垄断地位。从现在德比尔斯在舰队街那座小楼里的霸道来看，这个广告是成功的。

德比尔斯的事例告诉我们两个重要道理。一是打破垄断的一个重要方法是扶植替代产品竞争者或潜在竞争者。当垄断者的地位受到威胁时，它会以提高自己的效率来未雨绸缪。例如，现在中国电信仍具有垄断地位，但在联通日益强大，而且我国要开放电信市场时，它不也在努力降价或改善服务吗？二是垄断者自己要善于发现替代产品的出现和潜在竞争者，千万别在已有的垄断地位上做平安梦。例如，过去被称为"铁老大"的铁路运输在长途运输上曾有不可替代的垄断地位，但正由于它没有看到民航与公路运输（尤其是高速公路）对它的潜在威胁，才在竞争中蒙受打击，客货运量减少，并出现亏损。这个教训值得许多现在仍有垄断地位的企业汲取。

市场瞬息万变，不可能有永恒的垄断者，现在美国连传统上作为自然垄断的电力行业也开始竞争了。企业的成功要依靠自己的竞争力，千万别迷恋于垄断地位。居安思危适用于包括垄断者在内的任何一个企业。

定价需要头脑灵活

近年来，关于民航机票打折的争论始终没有平息。以民航公司为代表的一方迫于运力过剩，客源不足，要求并实行过机票打折，有一阵打折之风甚强。以民航管理局为代表的一方担心民航业自相残杀的恶性竞争，三令五申反对机票打折。虽然禁止打折的政令也实施了，但这场争论的是非曲直并没有定论。其实定价并非只有打折与不打折两条路，何不试试其他定价方法呢？

国外民航业常用的一种定价方法是歧视价格。歧视价格是对同一种物品或劳务在同一时间里向不同消费者收取不同的价格。例如，有的民航公司对两城市间的往返机票收取两种价格：全价与折扣价。对周六在所到达城市住一晚的乘客收折扣价，对周六不在所到达城市住的乘客收全价。这种对同一次航班（服务完全相同）收取两种不同价格的做法就是运用了歧视价格的定价方法。

歧视价格得以实行在于消费者分为不同的集团，不同集团的消费者对同一种物品或劳务的需求弹性不同。以民航服务而言，消费者大体可分为两个集团：公务出差者和私人旅游者。前者需求缺乏弹性，因为公务有时间性，且由公费支出，出差者只考虑时间的合适性，很少考虑价格变动，价格变动对这部分人坐飞机的需求量影响很少。后者需求富有弹性，旅游者时间要求不严格，但由私人支出，要更多考虑价格因素，价格变动对这部分人坐飞机的需求量影响很大。

如果民航公司不实行打折，私人旅游者难以增加，但如果都实行打折，本来不打折需求量也不会减少的公务出差者也沾了光，民航公司又是一种损失，于是就对这两类乘客实行歧视价格。

但如果民航公司简单地列出两种价格，恐怕没有一个公务出差者愿意出高价，公司以这两种价格售票时，乘客都会以旅游者自称。所以，实行歧视价格的关键是要能用一种客观标准区分这两类乘客。民航公司用的方法就是周六是否在所到达的城市住一个晚上。对公务出差来说，周六与周日无法办理公务，为省几个钱而在所去的城市待两天，放弃了周末与家人团聚，实在不合适，何况省的又不是自己的钱。对私人旅游者来说，反正是去玩，待多长时间，什么时候去关系不大，而买便宜机票省自己的钱还是重要的。这样就可以方便地对两类乘客实行歧视价格。

实行歧视价格增加了民航公司的收益。这就是说，公务出差者仍以原价购买机票，乘客不会减少（需求缺乏弹性），来自这部分乘客的收益不会减少。私人旅游者以折扣价购买机票，由于需求富有弹性，乘客增加的百分比大于机票降价的百分比，来自这部分乘客的收益增加。这样，总收益增加了。而且，这种方法还使客源在时间分布上趋于稳定：公务出差者在工作日外出者多，而私人旅游者为了省钱会选择休息日外出。这样就不会出现乘客过多或过少的现象，也有利于民航业的正常运行。

歧视价格的形式也很多。例如，美洲航空公司1992年将纽约至伦敦间的经济舱分为五种价格：2084美元、918美元、599美元、439美元、379美元。各种价格的限制条件不同，2084美元无任何限制，而379美元有三个限制条件：提前21天购买、不适用于周末、不退票。这两者之间的价格限制条件又不同。这种方法把乘客分为不同收入的集团，高收入者购买方便的高价票，低收入者也可买低价票到伦敦一游。

其他行业中也实行了歧视价格。如电力部门对工业用电和民用电收取不同价格，电影院对老人和儿童实行优惠，许多公司在报纸杂志上向公众提供的折扣券，对购买不同数量的顾客实行不同价格，等等。这些歧视价格的做法相当普遍、灵活，也颇有效。

也许是我们许多人在计划经济下生活得太久了，对价格总不外两种做法。或者削价竞争或者用行政力量限制降价（也有时限制提价）。这就形成"一收就死，一放就乱"的结果。市场经济中的定价权应该在企业，政府以行政力量干预定价不符合市场经济原则。但企业也不应该滥用定价权，或一味降低价格，不惜血本地竞争，或勾结起来定价。价格由供求决定，随供求而变动。企业必须适应市场调整自己的价格，并采用包括歧视价格在内的多种定价方式，灵活地经营。

商战是战场，不过在这个战场上所需要的不是那种"跳楼"、"出血"的玩命精神，而是灵活的头脑。经济学正是使你的头脑更灵活的学问。

双赢的汽车保险
· · · · · · · ·

在许多国家，汽车保险是一种强制保险。但使汽车保险成功的还不在于强制，而在于它为保险公司和投保人提供了一种双赢的活动。双赢是指双方都可以从这种保险中获益。经济学对这种双赢作了理论解释。这种理论也指导着各种保险公司和投保人的活动。

人们在不确定的条件下活动，这就产生了风险。风险是蒙受损失的可能性，某一种结果出现的可能性可以用概率来表示。概率是 0 到 1 的某个数。概率越大，某种结果的可能性越大。许多事件风险的概率可以根据历史资料或有关信息来估算。有风险的活动可以通过保险来分摊风险，减少对个人的损失。车祸是汽车行驶中可能出现的损失，其概率可以估算。汽车保险则是分摊汽车遭遇车祸的损失，减少它给个人带来的损失。

从经济学的角度看，任何一个人发生车祸的概率是很小的，但一旦遇到车祸损失是巨大的。投保人进行保险可以在遇到车祸时得到赔偿。对于厌恶风险的人来说，用一笔保险费避免可能的损失是有利的。对保险公司来说，整个社会发生车祸的概率是可以估算出来的。保险公司集中每个投保人的保费，并支付给发生车祸的人。这就是分摊风险的作用。投保人以少量投保费换得保险是有利的。保险公司根据车祸概率收取保费，在赔偿和弥补成本之后还有利润，也是有利的。这就是汽车保险的双赢。

用一个数字例子可以说明汽车保险的双赢是如何实现的。

假设某人是厌恶风险的。这时，他对无风险情况下可以确保的财产的评价大于有风险情况下不能确保的财产。或者说，等量无风险财产所带来的效用大于有风险资产。比如说，他认为有风险情况下的 10 万元和无风险情况下 7 万元财产带来的效用是相同的，都为 90 万元。如果他有一辆汽车，车祸的概率为 0.1。这就是说，如果无车祸，他的汽车价值 10 万元，但有车祸则一文不名。这种 10 万元的汽车财产是有风险时的财产。这种财产和无风险时的 7 万元的效用是相同的。这时，他愿意支付的最高保险费为 3 万元。因为他支付这笔保险费之后，有车祸，保险公司会赔他 10 万元，无车祸仍然是 10 万元。这两种情况下扣除保险费都为 7 万元。或者说由于保险公司承担了风险，有风险的 10 万元财产变成无风险的 7 万元财产。两者给他带来的效用是相同的。

在发生车祸时，保险公司要为投保人支付 10 万元。车祸概率为 0.1，也就是说要为 10% 的人支付 10 万元赔偿，平均每人为 1 万元。这就是保险公司最低保险金，低于这个数字保险公司无法经营，高于这个数字，保险公司就有利。

投保人愿出的保费最高为 3 万元，保险公司愿意接受的最低保费为 1 万元。假设双方通过讨价还价，最后以 2 万元保费成交。投保人愿出 3 万元而以 2 万元得以投保，等于无风险的财产为 8 万元，所带来的效用大于同样无风险的 7 万元，投保有利。保险公司可以接受 1 万元投保而得到 2 万元，经营当然是有利的。这就是保险市场上的双赢。

但在现实中这种双赢会受到不完全信息的破坏。保险公司和投保人之间信息是不对称的。投保人的开车技术、习惯、车祸概率是私人信息，保险公司难以了解。这种情况下，如果保险自由而且保费一样，那么，来投保的都是事故概率大的人，车祸概率小的人不会投保。这时投保人的车祸概率就远远大于社会平均的 0.1。这时保险公司就难以经营了。即使提高保费也无济于事，因为保费越高，投保人的车祸概率越大，车祸概率小的人越不投保。

解决保险市场上信息不对称问题的一个方法是实行强制保险。所有有车的人都保险，车祸概率就为 0.1 了。因此，汽车保险具有强制性的原因在于保险市场上的信息不对称。另一个方法是保险公司对不同的人收取不同的保险。例如，对初开车者和有事故记录者收高费，而对长期无事故者收取低保费。在实际上许多保险公司也是根据驾龄和事故记录收取保费的。

当然，保险公司的经营也不仅仅只从赔偿和经营费用之外的保费中获利。他们还把保费用于进行投资，例如，购买共同基金、股票、债券，甚至投资于企业、房地产等。这就是一般所说的资本运营。从这种意义上说，保险公司不仅仅分摊风险，而且也是一种金融中介机构。

我们所讲的是汽车保险。其实医疗保险、人寿保险和其他形式保险的原理都与汽车保险相同。

第四课
经世济民改变生活

呼唤纯企业家

· · · · · ·

记得毛泽东称白求恩是一个纯粹的共产党人。这就是说，白求恩除了以自己的医术实现共产主义理想之外，既不从商，也不从政。这"纯粹"二字是最高的赞扬。

在美国时发现这种纯粹的人很多，在众多的社会职业中只从事一种，教授就纯粹做学问、教学生，不去从政或经商，即使商学院的教授在公司兼职，也还是为了研究与教学的需要。如果不能当纯教授了，就必须离开学校。基辛格当了国务卿就辞去哈佛大学教职，担任过财政部长的萨默斯和担任美国总统经济顾问委员会主席的曼昆在任职时都辞去了教职。议员或政府官员也是专职的，不兼做其他，洛克菲勒当纽约州州长和副总统时就不从商了，施瓦辛格当州长后也退出影坛不当演艺大腕了。比尔·盖茨、郭士纳、韦尔奇则是纯正之家，没听说去竞选议员、州长，或在什么学校兼教授、博导。社会有专业分工，人有专业特点。以一个人有限的精力能把一件事做好就不易，兼职其实害了自己，也害了社会。纯粹的人的确好。

反观中国现在，纯粹的人越来越少。当官的总愿意兼个红顶商人或教授、博导，甚至院士。当教授的也在名片上印了一堆政治和商业头衔。越来越多的企业家兼做政治家的事，在大学当教授，甚至奔波于各种媒体频频露面，兼做媒体明星，而且兼职越多，人也越牛。

经济基础决定上层建筑，官员和教授都是在上层建筑中混的，爱兼什么就兼什么去吧！但经济是不能含糊的。中国经济的繁荣有赖于一大批成功的企业。成功的企业要靠企业家。企业家组织企业的生产和经营，进行创新并承担风险。每一个成功的企业都有一个成功的企业家，每一个失败的企业也败在企业家手里。一个企业家无论多有天才，时间、精力和专业背景总是有限的。如果企业家把时间用于官场应酬，在各种演讲会上夸夸其谈，接受数不清的媒体采访，能剩下多少时间考虑企业发展的大事呢？我们需要的不是一个全面发展的企业家，而是一个纯企业家，一个把全部时间和精力都用于企业发展的企业家。这批纯企业家才是中国企业和经济的希望。

回顾历史，中国的企业家并不那么纯。晋商和徽商是历史上最成功的企业家了，但他们并不纯。著名的徽商胡雪岩就是红顶商人。晋商在成功之后也想捐个官当当，成功的商人热衷于当官，除了传统思想中"官本位"的意识在作祟之外，亦官亦商也有许多实惠。徽商主要从事盐业。在盐业由政府专卖时，只有依靠官府给予的垄断地位才能成功。晋商主要从事票号。票号中的大宗业务正是官银的汇兑，离开了官，晋商就不成巨商了。封建社会的商而兼官是那个时代的产物。中国从没有一个完善的市场经济，商只能依附于官，这是缺乏纯企业家的根本原因。

现在我们还没有完成向市场经济的转型，政府在经济中仍起着决定性作用，无论什么企业，离开政府的支持很难成长壮大，利用政府的权力发展自己的企业是一条捷径。这正是现在缺乏纯企业家的社会原因。

中国的企业家有两类——国有企业家与民营企业家。国有企业家的身份本身就是双重的，既是政府官员也在做企业。有人认为，他们在本质上是官员而不是企业家。记得20世纪80年代，一位日本经济学家在向国有企业家作报告时，第一句就是"中国没有企业家"。此话当年颇有轰动效应。国有企业家有部级、局级、处级不同的行政级别，享受相应级别的住房、坐车、医疗和看文件、开会的待遇，一纸调令他们可以去政府当同级别的官，也有从相应官位上调到企业的。他们的目标是升迁的最大化，而不是企业利润最大化。他们不仅要管企业，还要参加相关的会议和政治学习，要负责生产经营的决策，还有应由行政官员管的事。当然，作为官员，他们也得为本企业带来好处——行政性垄断地位、优惠的贷款及其他政策，等等。投资或决策失误也不用承担什么责任，顶多是换个地方当官而已。中国进入世界 500 强或中国前 20 名的企业都是国有企业。国有企业家不纯，对本人的确有许多好处，当然也有个把国有企业家作为官员退休后一无所获的。国有企业家不纯，这是个体制问题，只要国有企业家仍然姓"国"，而且由政府直接控制，他们就纯粹不起来。

按说民营企业不姓"国"，民营企业家可以纯而又纯了，但现实中许多民营企业家也想走向官场。他们的理想是胡雪岩式的官商结合，起码要混一个政治头衔——哪怕只是一个虚职，如人大代表或政协委员。有时他们也想通过捐助搞一个教授（他们往往略去前面的"兼职"或"客座"二字），或博士的称号，以自称"儒商"。你去看看许多民营企业家的名片，绝不仅仅是董事长、总经理或 CEO，还有许多无关的官职和头衔。

民营企业家不纯当然与他们自身的追求相关。他们脱不了官本位之俗，成功了也难免想附庸风雅，奔波于媒体。当一个明星的感觉大概也是与仅仅有钱不同。转型时期的普遍心态是"浮躁"。企业家不满足于仅仅当企业家，还想有更多的社会角色，也是"浮躁"的表现吧！

但是，民营企业家不纯更多还是环境造成的。在转型时期，民营企业是在裂缝中成长起来的，它发展的好坏在相当大程度上取决于政府对它的宽容或支持。这就是我们常说的民营企业生存与发展的环境。民营企业家为了给自己创造一个良好的发展环境，不得不把相当一部分精力用于非企业活动，以求在官场混个一官半职，有利于与政府沟通，得到保护，或获得实质性支持。有官位（哪怕是虚职）才能如鱼得水。在学校兼个教授，或在媒体上当个明星，都有利于他们在社会或官场的活动，间接地也有些许好处。

　　企业家不纯是一个悲剧。他们把做好企业的才能和精力用于做无关的事是资源浪费，但这不是他们的过错，是环境使然。我呼唤纯企业家的出现，实际是呼吁为纯企业家的形成创造一个良好的环境。什么时候中国企业家也能像比尔·盖茨和郭士纳那样一心一意搞企业了，中国的辉煌就不远了。

民企的英雄时代
· · · · · · · · ·

任何一个民营企业，无论大小，总是由一个或大或小的英雄开始的。

时势造英雄，并不是说有了某种时势，人人都可以成为英雄，而是说时势为英雄的出现创造了条件，能成为英雄者还是才华卓著的极少数人。改革开放，民营经济放开，为民营企业家的成功创造了条件。少数人抓住了这个机会。他们或者是原本处在赤贫状态，空有一身本领，无用武之地。就像温州人虽然素有经商传统、奋斗精神，但计划经济体制把他们牢牢地拴在贫瘠的土地上，一有动作就被当作资本主义尾巴割掉。现在他们压抑了许久的创造力爆发出来，成就了一番事业。或者是在机关国企中过着安逸而无聊、饿不死、富不了的日子。他们的本性不能忍受这种生活，但无可奈何。现在他们可以抛弃那顶值不了几个小钱的乌纱帽，义无反顾地下海拼搏。对外开放给他们搭起一座桥梁，这就有了最早的利用外资，出口加工。

最早投身于民企的这一批人无论成功与否，都可以称得上是英雄。英雄不在成败，而在那种气概。在政策刚刚裂开一个小缝时，他们敢于闯向未知的世界，在人们把民企作为歪门邪道时，他们敢于离经叛道。这就是作为英雄的首要条件：勇敢。当然，这些人中的成功者，不仅有勇，而且有谋。这就在于他们知道怎么做。他们没有市场调研，但知道市场需要什么；他们没有在课堂上学过管理理论，但知道如何经营一个企业；他们不懂技术，但知道出钱请人。总之，他们的悟性，他们的人生经历，使他们知道如何去处理闯天下中遇到的各种问题。在乍暖还寒的日子里，他们走向一条从未走过的路。有几多困难，几多风险，但他们闯过来了。他们作为英雄经历了常人没有经历的事，吃过常人没吃过的苦，付出了常人不可想象的艰辛。他们成功了，他们成为第一代中国民营企业家，成为中国第一批百万富翁。

这第一批成功的民营企业家受到社会赞扬，众人仰慕，头上戴满了光环，他们是当之无愧的英雄。英雄之后怎么办？有人找不着北了，有人不知自己姓什么了，有犯法者，有堕落者，有更多的昙花一现者。个人的没落对社会是无所谓的，重要的是白手起家创建的企业不仅是个人财富，也是社会财富。企业如何基业长青是后英雄时代的问题。

一个打天下的英雄，如果没有堕落，能使企业基业长青吗？无论如何伟大，英雄总是人，是人就不可能全知全能，永远正确。在世界企业界，亨利·福特是一个大英雄，是他开创了汽车工业的今天，但他晚年对 T 型汽车的执迷几乎断送了福特公司。英雄会犯错误，会不能与时俱进。如果这时企业仍然是由英雄一个人说了算的人治企业，灭亡就是必然结果。不用去翻阅世界企业史，看看这些年我们一些民营企业的兴衰，就会明白这一点。

使企业基业长青的关键不是盼望另一批英雄的出现，而是结束英雄时代，用制度代替英雄。英雄的时代是草莽时期，几乎没有什么规则，全靠人去闯，乱世出英雄就是这个意思。任何一个国家的市场经济初期都是这种情况。但草莽时期过去之后是法制时代，这时有英雄也不是草莽英雄。从企业来看，一开始必然是人治，但做大之后，人的能力难以驾驭一个企业，需要制度。这时一个企业的好坏固然与人有重要关系，但从根本上说还要靠制度。人要在制度的框架和限制之下来发挥作用。离开了有效的制度，再大的英雄也会一事无成。

我们的许多民企都面临从英雄时代到制度时代的转型。转型成功，英雄之后仍然是企业的辉煌，转型失败，企业就会随英雄而去，甚至先英雄而去。没有实现转型的企业，即使今天仍然很辉煌，但衰亡只是时间问题。这种转型包括由人治转向法治，用制度化的决策与运行代替一个人说了算的状况。这就是说，民企要建立现代企业制度，建立一套适合自己的公司治理结构。对许多企业来说，制度的建立比任何事都重要、迫切。

结束英雄时代，开创制度时代，也是一件说易行难的事，其阻力正在于英雄自己，习惯了君临天下，叱咤风云，真不习惯受制度的约束。从迷信自己个人能力变为相信制度是一场头脑风暴。许多英雄跨不过这一步，这才有企业的衰亡。英雄是要识时务的，这时务就是环境与企业本身的巨大变化。

英雄暮年难免留恋往日的辉煌，难免固执、保守、墨守成规。民营企业家们只有抛弃这一切，自觉地结束英雄时代，企业才有希望。不要犹像，不要观望，勇敢地迈出这一步吧！

王永庆的成功之路
• • • • • • • • • •

台塑集团老板王永庆被称为"主宰台湾的第一大企业家"、"华人经营之神"。王永庆不爱读书，小学时的成绩总在最后 10 名之内，但他吃苦耐劳、勤于思考，终于成就了一番事业。王永庆大概也没有读过什么经济学著作，但他的成功之路却与经济学原理是一致的。

王永庆的事业是从台塑生产塑胶粉粒 PVC 开始的。当时每月仅产 PVC100 吨，是世界上规模最小的。王永庆知道，要降低 PVC 的成本只有扩大产量，所以扩大产量、降低成本、打入世界市场是成功的关键。于是，他冒着产品积压的风险，把产量扩大到 1200 吨，并以低价格迅速占领了世界市场。王永庆扩大产量、降低成本的做法正是经济学中的规模经济原理。

规模经济是说明各种生产要素增加，即生产规模扩大对产量或收益的影响。当生产规模扩大的比率小于产量或收益增加的比率时，就是规模收益递增。当生产规模扩大的比率大于产量或收益增加的比率时，就是规模收益递减。当这两种比率相等时则是规模收益不变。

企业生产规模变动对产量或收益的影响可以用内在经济与内在不经济来解释。内在经济就是一个企业规模扩大时由自身内部引起的效率提高或成本下降。这种效率的提高主要来自三个方面：第一，可以利用更先进的专业化设备、实现更精细的分工，提高管理效率，从而使每单位产品的平均成本下降。特别应该强调的是，许多大型专用设备只有在达到一定产量水平时才能使用，这些设备的使用会使平均成本大幅度下降。或者说，只有达到一定产量水平时，平均成本才能最低。第二，规模大的企业有力量进行技术创新，而技术创新是提高效率、降低成本的重要途径。第三，大批量销售不仅在市场上具有垄断力量，足以同对手抗衡，而且降低了销售成本。

王永庆的成功正在于他敢于扩大产量，实现规模收益递增。当时台塑产量低是受台湾需求有限的制约。王永庆敏锐地发现，这实际陷入了一种恶性循环：产量越低成本越高，越打不开市场；越打不开市场，产量越低成本越高。打破这个循环的关键就是提高产量，降低成本。当产量扩大到月产1200吨时，可以用当时最先进的设备与技术，成本大幅度下降，就有进入世界市场并以低价格与其他企业竞争的能力。

当一个企业的产量达到平均成本最低时，就充分利用了规模收益递减的优势，或者说实现了最适规模。应该说，不同行业中最适规模的大小是不同的。一般而言，重工业、石化、电力、汽车等行业的最适规模都很大，这是因为在这些行业中所用设备先进、复杂，最初投资大、技术创新和市场垄断程度都特别重要。王永庆经营的化工行业正属于这种最适规模大的行业，所以，规模的扩大带来了收益递增。近年来，全世界掀起一股企业合并之风。企业合并无非是为了扩大规模，实现最适规模。合并之风最强劲的是汽车、化工、电子、电信这些产量越多，收益增加越多的行业。世界500强企业也以这些行业居多。对这些行业的企业而言，"大的就是好的"。

但千万别忘了《红楼梦》中王熙凤的一句话："大有大的难处。"一个企业大固然有许多好处，但也会引起一些问题。这主要是随着企业规模扩大，管理效率下降，管理成本增加。一个大企业也像政府机构一样会滋生官僚主义。同时，企业规模大也会缺乏灵活性，难以适应千变万化的市场。所以，"大就是好"并不适用于一切企业。当企业规模过大引起成本增加、效益递减时就存在内在不经济，发生规模收益递减。对那些大才好的企业来说，要特别注意企业规模大引起的种种问题，王永庆在扩大企业规模和产量的同时，注意降低建厂成本、生产成本和营销成本，并精减人员，提高管理效率。这对他的成功也很重要。对那些未必一定要大的轻工、服务之类行业的企业来说，"小的也是美好的"。船小好掉头，在这些设备，技术重要性较低，而适应市场能力要强的企业中，就不要盲目追求规模。甚至有些大企业也因管理效率差而分开。美国IBM公司就曾一分为三。

其实企业并不是一味求大或求小，而是以效益为标准。那种盲目合并企业，以追求进500强的做法往往事与愿违。绑在一起的小舢板绝不是航空母舰。王永庆的成功不在于台塑大，而在于台塑实现了规模收益递增的最优规模。

王永庆不爱读书而成功并不是规律。对更多的企业家来说，读一点经济学，按经济规律办事还是可以事半功倍的。所以，王永庆让他儿子到美国学习。

税收落在谁身上

• • • • • • • •

美国国会通过对游艇、私人飞机、珠宝、皮革、豪华轿车这类奢侈品征收新的奢侈品税时，支持这项税的人认为，这些奢侈品全部由富人消费，这种税也必然由富人承担。向富人收税以补助低收入者，平等又合理。但实施之后反对者并不是富人，而是生产这些奢侈品的企业与工人，其中大部分是这项税所要帮助的低收入者。为什么这些并不消费奢侈品的人反而反对这项税呢？这就涉及弹性与税收归宿问题。

我们知道，直接的纳税人并不一定是税收的最终承担者。如果税收直接由纳税人承担，这种税就是直接税，如个人所得税、财产税、遗产税等。如果税收并不由纳税人直接承担，而是可以转嫁给其他人，这种税就是间接税，如营业税等。这种税在生产者与消费者之间分摊。谁最终承担税收负担就是税收归宿问题。

当对一种商品征税时，这种税收由生产者承担，还是由消费者承担，主要取决于该商品的需求弹性与供给弹性。所以，税收归宿问题要根据弹性理论来分析。

需求弹性是某种物品价格变动所引起的需求量变动程度，用需求量变动百分比与价格变动百分比的比值来表示。一般商品分为需求富有弹性与需求缺乏弹性两种情况。当一种商品需求量变动百分比大于价格变动百分比时，该商品就是需求富有弹性。反之，当一种商品需求量变动百分比小于价格变动百分比时，该商品就是需求缺乏弹性。需求越缺乏弹性说明消费者对这种商品的依赖性越大，即使价格大幅度上升，需求量减少也很少。因此，需求缺乏弹性的商品当价格由于税收而上升时，需求量减少有限，税收就主要由消费者承担。相反，需求富有弹性的商品当价格由于税收而上升时，需求量可以大幅度减少，税收就主要由生产者承担。

供给弹性是某种物品价格变动所引起的供给量的变动程度，用供给量变动百分比与价格变动百分比的比值来表示。一般商品分为供给富有弹性与供给缺乏弹性两种情况。当一种商品供给量变动百分比大于价格变动百分比时，该商品就是供给富有弹性。反之，当一种商品供给量变动百分比小于价格变动百分比时，该商品就是供给缺乏弹性。供给越缺乏弹性说明生产者改变产量的可能性越小，即使价格大幅度变动，产量变动也很有限。因此，供给缺乏弹性的商品量由于价格上升需求量减少时，供给量减少有限，税收就主要由生产者承担。相反，供给富有弹性的商品当价格由于税收上升时，需求减少，供给也减少，税收就主要由消费者承担。

总之，一种商品需求越富有弹性而供给越缺乏弹性，税收就主要由生产者承担；需求越缺乏弹性而供给越富有弹性，税收就主要由消费者承担。

游艇这类奢侈品正属于需求富有弹性而供给缺乏弹性。这是因为，这类商品并非生活必需品，而且替代产品多。当这类商品由于税收而提高价格时，消费者可以用国外旅游、盖更大的房子、打高尔夫球这类同样高档的消费来替代。即使没有合适替代品，不消费这类奢侈品也可以把钱作为遗产留给后人。所以，当价格上升时，需求量大幅减少，需求富有弹性。但生产这类商品的企业短期内难以转产其他产品，供给缺乏弹性。税收实际上落到了生产者身上。

生产这些奢侈品的企业不仅要承受税收，还面临需求减少引起的两种后果。一是企业不得不减少生产，二是企业不得不降价。这就使这类企业生产经营困难，不得不解雇工人。这个行业所有者利润减少，工人收入减少。本来这些行业的工人大多属于低收入工人，是这种"劫富济贫"政策要帮助的对象，结果反受这种政策之害。生产奢侈品企业的所有者与工人深受高奢侈品税之害，又承担了绝大部分这种税收，所以，这种税并没有受到富人的反对，而是主要受到这些行业工人与工会的反对。美国国会迫于压力在1993年取消了这种奢侈品税。

税收归宿是经济学中一个重要的问题。如果不考虑需求与供给弹性来征税，结果可能适得其反，"打在贾宝玉身上，痛在贾母心上"的事是经常发生的。在开征一种新税或提高原有税种税率时，决策者一定要谨慎从事。

李达昌何以当博导

四川省原副省长李达昌由于经济问题东窗事发而走进牢狱里了。忆当年，他从副省长位子上主动退下来（现在看来是捞足了，怕事发而退）到西南财大当教授、博导时，媒体一片赞扬之声。这时几乎所有的人都忘了一件事：他有当教授、博导的资格吗？

李达昌研究生毕业后仅在西南财大当了三年教师就走上仕途，彻底离开了教学岗位。三年的高校教龄，无论如何破格也提不上教授（他又不具备火箭式提拔的潜力资格），充其量是个讲师。为官近20年，官位上去了，但没在任何一个高校，通过正常程序评为教授。这些年他没有教学工作量，也没什么科研成果。这教授的桂冠按高校教师的任职资格无论如何也是戴不上的，更别说比教授要求更高的博导了。从政20年，他不可能有时间做学问，回到高校给学生讲什么财经类课呢？指导博士生，岂不以官场厚黑学、贪污术为论文题目吗？可是就因为他当过副省长，这一切许多老实学人几十年都得不到的学术桂冠，一瞬间全有了。我一直在怀疑，他当教授、博导是否经过各级学术或职称评委会讨论、投票、批准。难道当了副省长，这些职称就是唾手可得，想要就要的吗？

基辛格原本就是哈佛教授，但当了几年国务卿之后再想回哈佛，却回不去了。其理由是当官期间荒废了学业，已不够哈佛教授的资格了。可是我们的西南财大却对本无教授资格的李达昌的归来，欣喜若狂，要什么给什么，什么程序都不用走，一切全 OK。这背后的制度根源是什么呢？

美国是一个没有官本位的国家，一个社会需要有官，也需要士和商，从事哪一项工作是个人的自由选择。条条道路都可以实现个人事业的辉煌，每项工作都可以为社会作贡献。从事各项工作的人是完全平等的，没有什么高低贵贱之分，各种职务也没有按官位折算。如重点大学校长是副部级，教授相当于副局级，官位也不能换学术职务。一个正部级的国务卿并不能换一个教授的职务，不同的职务有自己的标准，有自己的要求。国务卿当不了哈佛教授不为怪，甚至总统想要一个名誉教授都不可得。美国对教授任职资格要求之严，正是其拥有世界一流大学的原因之一。

我们却是一个有官本位的国家。当了副省长就可以自然而然地当教授，教授才相当于副局级，副省长去当，当然值得称道了。但教授却不能想当副局长就当，谁高谁低不就一目了然吗？尽管我们经常宣传，无论职务高低都是为人民服务，只有分工不同而没有高低贵贱之分，但现实中，官仍高于一切职务。一个人当了官就可以当教授、博导、院士；甚至有学校求官去当他们的教授，这不是官为贵、教授为贱又是什么？

中国是一个有长期封建社会历史的国家，封建社会中官本位不足为奇，这才有读书人"学而优则仕"的人生目标。这是一种当时社会条件下理性人以最大化为目标的经济行为。有了权就有了一切，有哪种投资的收益率比投资当官更大呢？按说，新中国的建立消灭了封建制，官本位该没了。但计划经济下，各级官员职务高低掌握着资源配置的权力。经济决定政治，无论反封建的口号叫得多响，官本位其实是加强了。市场经济的建立，由市场配置资源，应该说是对官本位的否定，但在市场经济尚未完全建立，政府及其代表——官员仍控制着相当大的资源配置权力时，官本位就无法消失。这才有了大学的官本位崇拜，或者套用马克思的"货币拜物教"之说，称为"官本位拜物教"。

大学的"官本位拜物教"最突出地体现在两件事上。一是众多大学争相聘请大官来当兼职教授，绝大多数被聘为兼职教授者并无真才实学，只有真官实权。有许多还成了博导，甚至名副其实在指导博士。这些教授、博导，没时间读书做学问，也没时间指导博士——甚至一年都见不了一次面，这种博士指导法也可以上"吉尼斯"了。不少学校还以聘了多大的官来当教授为荣。李达昌正是在这种大背景下当上教授、博导的，怪不得西南财大欣喜若狂，大搞欢迎仪式，送了两个倒霉的博士让这位副省长级教授去指导。二是许多大学教师无心做学问，只把学问作为敲门砖，敲开官场之门，又回到了"学而优则仕"。这些人不是认真做学问，而是察言观色，看上方的意图，领导喜欢什么说什么，以期领导慧眼识英雄，给他个一官半职，甚至在校内也为个系主任、教研室主任的职务打得不可开交。

"官本位拜物教"还有经济利益。学校请官来当教授以得到包括资金在内的实惠，个人追求当官亦可有了权有了一切。说来还是经济利益在作怪。某些政策（如把重点大学校长行政级别由正局级提为副部级）又助长了这种"官本位拜物教"。近年来高校腐败事件层出不穷，正是官本位的恶果之一。与世界一流大学差距越来越大是官本位更严重的恶果。

西南财大聘了一个贪官当教授、博导，不是它的错。不改变官本位，还会有许多贪官或清官当教授、博导。

谁来保护国有资产

· · · · · · · · ·

据《京华时报》报道,首钢附近一个村九百多居民中有 70% 的人以偷盗首钢资源为生,偷盗者有现代化通信与运输设备。首钢损失无数,却不见采取什么保护措施。

读了这篇报道,使我吃惊的不是偷窃分子的猖狂,而是首钢的无动于衷。试问一下,如果是首钢某些个人的财产受到偷窃,还会如此无动于衷吗?或者换个问法,如果首钢不是国有企业,而是某钢铁大王的企业,会长期发生这种现象吗?

市场经济的制度基础是对财产权的保护,无论这种财产是国有财产、集体财产、私人财产,还是外国人的财产。但仅仅有这种保护财产的法律还是不够的,关键是所有者如何行使这种权力。如果财产所有者(或所有者代表)放弃这种财产的保护权,对侵权的盗窃事件不闻不问,不采取任何措施,法律不过一纸空文而已。所谓"民不举,官不纠"正是这种情况。

在任何一个社会中,听任自己个人财产任别人偷盗的事几乎没有。即使那些对国有资产漠不关心的人,你要偷了他一分钱,他也会与你玩命。那么,为什么首钢的一些人能听任偷窃者为所欲为呢?

说到底又是一个产权不明晰问题。个人财产属于自己所有与享受,这种财产的损失是实在的,个人不可能不保护。但国有财产就不同了,理论上属于全国 13 亿人共同所有,无论总财产有多少,分到自己身上微乎其微。更重要的是,国有财产也不可能分到个人身上,属于国家所有,丢一点或增加一点与自己毫无关系，无怪乎丢多少也不在乎。在首钢一些人看来，偷国家的钢材如同偷别人的钱包一样，与己无关，何必去见义勇为呢？

人们对自己财产的关切与保护必定大于对国家和其他人财产的保护，这也许是一种人性。但任何一个社会，无论市场化程度有多高，必定有属于集体和国家的财产，不可能任何财产都私有化。如何保护国有财产是市场经济中一个比保护私人财产更重要也更困难的问题。

国有资产最可怕的状态是无主所有（或称所有者缺位），即没有一个人格化的具体所有者。说起来人人所有，但实际上没有具体所有者，使国有资产受到侵犯。国有资产当然不可能由某个人所有，但可以由某个人接受国家（所有者）委托，作为有名有姓的国有财产代理人，代表所有者行使产权，保护国有财产。

首钢作为国有企业是有其代理人的，现任的首钢领导应该就是国家财产有名有姓的代理人。但为什么首钢的财产仍然没有得到保护呢？我想这里有两个值得重视的问题。首先是明确具体的代理人。不能把整个首钢领导班子都作为代理人，否则代理人太多了，又是"三个和尚没水吃"，集体负责而无人负责。必须明确指定一个人——比如说董事长——作为所有者的代理人，首钢丢了东西就拿他是问。当然，作为首钢这么大一个企业的董事长，也许事情太多，无法顾及到资源被盗这一点小事，而且，让一个董事长去防盗也并不实际。但董事长作为财产代理人应该委托其他人对他负责的国有财产进行有效监护。这就是说，国有财产的保护需要一套有具体人负责的委托、代理制度。

其次是应该有有效的激励约束制度，尤其是对国有财产保护不力造成损失，一定要严惩代理人。像首钢这样国有财产长期、大量被盗而无人受责，岂非咄咄怪事？任这种做法持续下去，国有财产要受到多大损失？对国有财产的贪污、浪费和任其受盗，应该同罪。市场经济不允许侵犯私人财产，也不允许侵犯国有财产。

像首钢这样国有财产被盗而无人负责的事情并不是一例，油田、煤矿被盗也相当普遍。我们在关注以低价出卖国有企业而形成国资流失的同时，更应该关注对国有财产的公开盗窃——这不仅是盗窃者的罪过，也是国有财产代理人的罪过。

走出山西"煤经济"

从小我就知道，山西是中国产煤最多的地方。我的中学是在太原铁路中学上的。那时的劳动课就是参加"晋煤外运"。到车站上装一天煤，回来再写一篇《记一次晋煤外运》的作文，就算是"教育与劳动生产结合"了。中学生，不足 18 岁，不分男女都干成年男性的装煤工作，且分文不取，这可是最廉价的童工。不过当时尽管肉体疲劳，心里还是骄傲的，因为老师告诉我们，把煤运出去就是为社会主义建设做贡献。

不过祖宗留下的煤运走了，山西并没有富起来。说起来当时全国都穷，但产煤的山西似乎比用煤的上海、北京还要穷。长大以后知道了晋商，才知道山西历史上的富与煤无关。晋商最早起源于盐，以后从事广泛的贸易活动，包括山西并不出产的茶叶贸易，再以后有了票号，称雄一时，富甲海内。当时，曹家、乔家这些富商都与煤无关。他们的家产在千万两白银以上，而大清帝国正常年份的财政收入，一年才四千万两白银。20 世纪初，山西的煤矿受到重视，英国人利用清政府的腐败获得了采矿权。山西的有识之士发动了一场轰轰烈烈的保护运动，并最终获得胜利。以渠本翘、刘笃敬等为代表的晋商还组成了山西近代史上最大的民族资本主义企业——保晋矿务公司。可惜煤并没有能挽救晋商灭亡的命运。

山西煤的大规模开发是在新中国成立以后。大规模的工业化和经济建设需要煤，山西的煤就生逢其时了。在煤炭行业中居于龙头地位的大同矿务局就是苏联援建的156个项目之一。从北到南，整个山西成了一个大煤矿。不过山西从中获益并不多。在计划经济体制下，山西的定位是煤炭供应基地。尽管煤是稀缺资源，但并不按市场规律定价。我们都知道农产品与工业产品的剪刀差，其实在工业品中作为原料和燃料的煤与制成品之间也存在剪刀差。在这种剪刀差的格局之下，山西损失了多少财富，好像没人计算过。

计划经济下的账就没法算了，几亿农民吃了剪刀差的亏都没法说，咱一个小小山西算什么呢？好歹祖国的繁荣有别人一份，也有咱的一份，没人埋没就行了。不过经济改革之后，山西煤的状况并没有发生根本变化。煤的价格一直受到严格控制，至今也没有完全放开。今天别人都说山西人以煤致富，其实他们忘了转型过程中山西煤炭企业那一段艰辛的过程。人们只看山西富人如何买车买房，但却忘了靠煤富起来的仅仅是极少数人。绝大多数人的状况并没有因为煤价上扬而改善。当大量的煤从山西运走时，留给山西百姓的是环境污染和地面塌陷。在全国十大污染城市中，山西有六个，且垄断了前三名。

煤留给山西的不仅仅是贫穷和污染，更重要的是思想保守和僵化。计划经济时代，中央对山西的要求是确保煤炭供给。山西的多届领导人都有在煤炭行业工作的经历。或者由大同、阳泉这些大煤矿企业提拔起来，或者先由这些大煤矿企业进入煤炭部，再回到山西。在他们的心目中，煤炭是第一位的，只要完成煤炭任务，就上使自己对得起中央，下使自己有晋升的机会。他们是煤炭专家，自然而然的习惯就是一心关注煤。这使山西失去了其他机会。山西其实也是重型机器生产基地。太原重型机械厂曾生产过万吨水压机和三峡大坝的巨型闸门。不过始终没有更辉煌的发展。山西的地面文物占全国百分之七十以上，但旅游业还是靠外地人拍的电视剧带动的，且至今也不是旅游大省。一个"煤"字压倒了其他。"以煤为网，一网打尽"，绝不是山西富裕之路。

山西是内地省份，内地的特点就是思想保守。这种保守也是晋商衰亡的众多原因之一。煤炭是计划经济控制最严的行业，也是市场化最晚的行业。从这样的行业走出来的领导人思想难免不保守。一个地方的思想开放程度往往取决于领导人的思想开放程度。山西的内陆位置，晋商的保守传统，再加上某些山西领导人计划经济的思维方式，使山西思想的开放程度至今仍落后于其他地方。山西的国企改革落后于其他地方，山西民营企业的生存环境也远不及其他地方。山西的人才外流，被称为新晋商代表的李彦宏、陈峰等人除了籍贯为山西人之外，与山西没什么关系。如果他们当年留在了山西，恐怕难有今天的辉煌。

一个"煤"字罩住了山西。振兴山西，必须走出煤的阴影。自然资源决定了山西还要挖煤，但绝不能是仅仅廉价地把煤作为原料出卖。发展煤炭的深加工，提高煤的附加值，山西才能由煤致富。一个"煤"并不是山西的全部，山西还要寻找其他比较优势，实现经济的全面发展。要使山西即使把煤挖完了，也仍有繁荣的经济。山西的旅游业尽管有了相当快的发展，但离充分利用旅游资源，还差得很远。由煤炭的有烟经济转向旅游的无烟经济，是山西至关重要的一步。实现这一切的前提是打破"煤经济"带来的保守。

现在山西的主要领导人已经不出身于煤炭行业了。对山西人来说，这应该是一个好消息。

铲除霸王条款

●　●　●　●　●　●　●

当你看房时，沙盘上你所要的楼盘风景优美，草地青青，广告告诉你离城仅 20 分钟。但当你买到房后发现，现实与广告差别甚大——美丽的风景是下世纪的远景，草地是远处的公共绿地，离城 20 分钟指开时速 200 公里以上的 F1 方程式赛车。这时你要去找开发商论理，合同上写着"沙盘、广告等供宣传不用作购房依据"。这时你会有什么感觉？

类似这种以损害消费者利益来为生产者谋利的霸王条款在房地产中并非这一种，也并非房地产行业独有。中消协先后公布了电信和房地产行业的霸王条款，以后还会公布其他行业的这类条款。这说明，霸王条款的存在严重破坏了市场经济的正常秩序，已经到了非铲除不可的时候了。

要铲除霸王条款首先要找出它产生的根源，追根溯源才能斩草除根。霸王条款的产生首先在于市场上生产者与消费者的天然不平等地位。一来消费者是分散的、孤立的，千百万消费者难以形成一个组织，无力与生产者抗衡。二来在信息不对称的市场上，消费者是缺乏信息的一方，而且也无法以高代价获得信息。与消费者相比，生产者数量虽少，却力量强大，也易于组织起来，生产者还拥有消费者不易获得的信息。

从生产者与消费者的市场不平等地位出发，铲除霸王条款就成为政府的职能之一。保护消费者是任何一个市场经济政府的基本职能。这种保护不仅要有立法，而且要由政府去认真执法。中消协公布的房地产行业霸王条款，如不退还消费者预定金、虚假广告、房屋面积缩水而不赔偿，等等，都违背了现行法律。但这些霸王条款居然能用来对付消费者，还在于有关部门有法不依，执法不力。尤其是在政企尚未完全分开的情况下，一些本应保护消费者的部门却纵容了霸王条款对消费者的伤害。

作为消费者应该拿起法律的武器来保护自己，这样成功的例子不少。但要使消费者的利益得到保护，还要消费者组织起来。这就是消费者协会的重要作用之所在。消费者协会应该作为消费者自己的组织，代表消费者的利益与生产者抗衡。如中消协公布电信与房地产行业霸王条款的做法，就有积极的作用。

在市场上，也并不是每一个企业都可以用霸王条款对付消费者。在竞争性高的行业，企业被称为"向消费者寄圣诞卡"的企业，即它们要讨好消费者。许多企业争夺有限的消费者，谁敢采用霸王条款，谁就失去市场。大凡敢于采用霸王条款的行业，在市场上都有相当程度的垄断性。电信行业的垄断程度之高是有目共睹的，房地产行业尽管竞争高一些，但就个别企业而言，由于住房地段等因素也形成某种垄断。霸王条款与垄断相关，因此，铲除霸王条款还要消除垄断，强化竞争。竞争不仅是企业活力的来源，也是保护消费者的有效手段。

如果一个企业在市场上有垄断地位，尤其是它的产品缺乏替代品时，企业就不用"向消费者寄圣诞卡"，而可以利用这种垄断地位损害消费者的利益。霸王条款正是它们常用的手段之一。政府可以用"反垄断法"来限制生产者，但各国的实践证明，这种做法的作用是有限的，最有效的方法还是加强竞争。美国电话电报公司被打破垄断之后，消费者才真正受益。因此，从根本上说，要铲除霸王条款，必须从打破垄断、促进竞争开始。企业只有在竞争中才会靠提高生产率，而不是损害消费者利益来实现利润最大化；才会知道如何用优质低价的产品吸引消费者，而不是靠霸王条款来约束消费者。

铲除霸王条款在众多经济问题中算不上大问题，但它背后是政府维护市场经济秩序、打破垄断这样的大问题，我们不可等闲视之。

公厕不宜拍卖

· · · · · · ·

武汉火车站旁的一个公厕一年的经营权拍卖了 40 万元。由于去的人不多，经营者把价格涨至每去一次 1.5 元（包括两张卫生纸），公众怨声载道。没想到第二年又拍出了 60 万元。以后价格不知会涨到多少。问题不在于经营者如何涨价，在于公厕经营权该不该拍卖。

公厕这类设施，如果免费使用（无排他性），而且去的人并不拥挤（没有竞争性），它是一种公共物品，可以由政府支付它的维护费，公众免费使用。如果去的人太多（有竞争性），又实行收费（有排他性），它也可以是一种私人物品，由私人经营，或政府承包给私人经营，收费使用，弥补成本，并有利润。这类设施应该如何经营呢？

在市场经济中，公厕这类公共设施，可以完全由政府建设并经营，公众免费使用（如路灯或普通道路），或公众交费使用（如高速公路、公园），也可以由政府建立，交给私人企业经营，按市场原则运行（如市内交通），或由私人企业投资并经营。在发达国家，这些公共设施是由政府提供，并由公众免费使用的，即使收费也有严格限制，不以利润为目标，甚至也不要求收支相抵。

这类公共设施尽管可以作为私人物品经营，但由于它主要是一种社会服务，因此，应该尽可能地作为公共物品，由政府免费提供公众使用。在政府财政困难的情况下，即使要收费使用也必须遵循这样几个原则：第一，收费的公共设施不能以利润最大化为目标，收费只是为了弥补财政之不足，或使服务更好，不是利用这类公共设施赚钱。第二，公共设施的目标应该首先是满足公众的需要。这就是说，政府在建公厕这类设施时，必须从社会利益出发。第三，即使实行收费，或由私人企业承包，也要对经营者的行为进行管制，比如收取的价格由政府规定，或经过听证得到政府批准，服务的质量要得到保证。第四，收费的标准应以低收入者的承受能力为限。第五，即使由私人承包或提供这类服务，也只是为了提高效率，而不能为私人牟利的工具。

我之所以对武汉拍卖公厕经营权不赞成，就在于它违背了这些原则。本应为公众提供服务的公厕成了承包者的牟利工具，政府的价格限制（0.5元）形同虚设。价格之高，令人无法接受——一位打工者说，他吃一顿饭才1元钱，上一次厕所就1.5元！这怎么能保证人民群众的最大利益呢？人民的利益无小事，且莫小看公厕这点小事。

当然，与许多更重要的事相比，公厕的事还算不上有多大，但拍卖公厕这件事反映出背后对市场经营的误解。市场经济中，并不是一切活动都按市场原则，由价格调节。生产私人物品的经济活动，可以完全由市场调节，企业为盈利目标而经营。但提供物品和公厕这类公共设施服务，仍然应该由政府提供，不能一律市场化。我们称这种把一切活动都归入市场调节的看法和做法为"泛市场化"。"泛市场化"是对市场经济原则的歪曲。"泛市场化"的做法不仅无利于社会利益，而且会把市场化改革引上邪路。市场经济需要政府提供的公共物品、公共设施，以及其他社会服务。

同样，市场经济的原则也只适用于企业，而不适用于政府。企业可以以利润最大化为目标，政府决不能为人民币服务。市场经济并没有改变政府为人民服务的性质，政府的出发点是公众的利益，而不是钱。我之所以反对武汉市拍卖公厕经营权的做法，就因为它把用纳税人的钱建成的公厕变成为本部门谋利益的工具，背离了为人民服务的宗旨。也许它们的目的是想提供更好的服务，但当承包者为了赚钱而把价格提高到1.5元时，这种善良的动机又有什么用呢？

"人民利益无小事。"我想只要各级政府部门牢记这句话，就可以用有限的资金为人民提供更好的公共服务——包括公厕在内。

民航价格何必听证

自从初铁路价格听证会以来，听证已成为一种时尚，以至于被人们讥讽为"听证秀"。其实听证作为一种制度是实现民主决策的手段，目的是为了减少决策失误。但用多了，流于形式，就难免成为作秀。要使听证不成"秀"，关键是什么该听证，什么不该听证。

铁路价格听证会的全称是"铁路部分旅客列车政府指导价听证会"，目的是就部分旅客列车是否实行政府指导价，以及如何实行听取各方意见。铁路是一个垄断部门，客运价格涉及广大群众的利益。即使在发达的市场经济中，垄断部门的价格也要受政府管制，政府指导就是铁路部门如何在政府指导下定价，以及政府如何管制铁路价格。政府为了更好地管制及指导铁路部门的价格，听取各方面的意见是必要的。尽管这次听证会也有许多尚待改进之处，但总体上是成功的。这种听证会就不是"作秀"。

但民航的价格听证法则有点"东施效颦"的意思，难免有"作秀"之嫌。民航与铁路不同。一来，铁路是垄断部门（起码至今没有打破垄断，仍然是铁道部一家的天下），民航已出现了若干独立的民航公司，是一个寡头市场。对于一家垄断者，政府管制价格是必要的，但对于几家寡头，还是让它们相互竞争为好。二来，铁路涉及千家万户，尤其是低收入者的利益。对于许多普通人来说，铁路运输尚无相近的替代品——民航价格太高，公路长途旅

213

行不便。它的价格高低对广大人民的福利，甚至社会安定都影响极大。政府不能不管。但民航乘客人数有限，且限于高收入者或公务出差者，它的价格高低影响的范围毕竟有限，政府还是少管为好。而且，还要考虑到铁路运力有限，尤其在春节或节假日往往人满为患，供少于求。但民航目前的情况是供大于求，运力没有得到充分利用。在供小于求时，供给者难免借机提价，但供大于求时，供给者无法提价，也不必限制。总之，我认为民航不必实行政府指导价。

现在对于民航来说，不是政府如何去管价格，而是把定价权交给各民航公司，让它们灵活地运用价格手段实现利润最大化。国外许多民航公司成功的诀窍之一就是灵活地运用价格。比如，对不同的乘客实行歧视价格，在淡旺季实行不同价格，对一天中不同时段的航班实行不同的价格，等等。民航公司也与其他企业一样，要根据成本和市场供求关系灵活地确定价格，在不同的情况下，确定什么价格，是一个复杂问题，涉及许多因素，只有民航公司才能了解。政府不能代替民航定价。禁止打折，限制涨价或降价，已被实践证明是不利于民航实现供求平衡的做法。即使召开听证会，参与者也并不能了解这些复杂因素，更别说预测未来发展，对正确定价又有什么作用呢？无怪乎人们把这种无用的听证会称为"作秀"。

我国民航公司面临的主要问题是内部管理效率低下以及不善于运用价格手段。其根源则在于政府有关部门干预太多，让民航公司成为独立的企业，让它们在市场经济的汪洋大海中自由戏水，它们就会学会如何游泳。也许开始时会呛几口水，但这没关系。政府的保护或限制往往会使它们永远不会游泳，最后被淹死。正因为如此，政府也不应该管民航的定价，不该对它们的价格指手画脚。政府不必去管，价格听证会云云有什么用呢？开一个没有用的听证会，不是作秀又是什么？

市场经济的基本原则应该是政府对企业管得越少越好，即使是一股独占的国有企业，也不能国营。民航公司是企业，应该是独立运营，包括定价在内的决策要由民航自己做出，政府不能代替，也不能干预，也不能借听证会，以民意为名说三道四。政府不要做这些自己不该做的事，才能做好自己该做的事（管好市场秩序）。同样，不要开这种有名无实的听证会，才能把真正必要的听证会开好。

收费是有效手段

$\bullet\ \bullet\ \bullet\ \bullet\ \bullet\ \bullet\ \bullet\ \bullet\ \bullet$

世界上许多大城市都存在严重的堵车问题。解决这一问题的出路不是限制购车，不是行政办法，而是在发展公共交通之外，对车辆的使用实行收费。北京解决堵车问题也只有收费，而且要实行较高的收费。

收费的一个目的当然是为了限制车辆的使用，减缓堵车。但收费更主要的目标应该是长期内保证道路通畅，从而使人们可以更自由地用车。

据专家分析，北京堵车的原因主要有三个：道路还不发达，道路体系设计不尽合理；交通管理的滞后；驾驶员缺乏社会公德。解决这三个问题，当然也要从多方面入手。这些问题人们认识到了，却迟迟得不到解决的原因也不少，但关键的一点仍然在缺钱。北京市的财政收入有限，但政府要做的事很多，要为了解决堵车问题而大量增加用于交通的费用在短期中并不现实。因此，通过对车辆的使用收费，以路养路，是一个行之有效的方法。

对车辆使用所收的费用，不应作为财政收入的一部分，用于其他支出，而应该全部用于解决交通问题，通畅交通上，这就是要专款专用。一方面，加快道路建设，改造原来不合理的交通体系；另一方面，尽快实现全市交通的现代化管理。就目前来看，北京交通不畅与管理不善，驾驶员缺乏社会公德相关。解决这些问题必须增加交警人员，并适当提高他们的收入。北京交警严重不足，难以及时疏导交通，也使一些缺乏社会公德的驾驶员有机可乘。而且，交警的工作十分辛苦，但收入不高。用收费的钱增加警力，并提高他们的收入，对在现有道路条件下缓解交通拥堵状况是重要的。

一些反对增加收费的人认为，这样做会影响汽车销售，不利于经济发展。我们面临一个两难困境：消费者买车越多，汽车行业越发展，经济越发展；同时，汽车越多，路越堵，也越不利于整体经济发展。从短期来看，对车辆行驶收取较高的费用也许会减少购车量，但如果不解决堵车问题，岂不同样使许多人不敢买车吗？从长期来看，用收费的办法解决交通畅通问题，才会有一个兴旺发达的汽车业。汽车工业的发展从根本上说还取决于道路状况，没有畅通的路，不会有发达的汽车工业。美国汽车工业发达与道路四通八达不无关系。

对车辆行驶收费有利于交通畅通，是有效率的，也是公正的。有车者以高收入者为主，他们买得起车，也有能力支付行驶费用。同时，他们使用的道路多（开车上班与骑自行车上班所占用的道路当然不同），也应该为使用道路交更多的费。交通改善，获益最大的也是这些人。无论从税收能力论（按收入能力纳税）还是从税收获益论（按从税收支出的项目中获益大小纳税）来看，对车辆行驶收费都是合理的。

各国在实行车辆行驶收费方面都有成功的经验。有些国家实行汽油税，体现了多行驶、多收费的原则。有些国家实行道路根据不同时段收取不同费用的做法，有效地实现了"削峰填谷"。有些国家对繁华地区收取高停车费，以减少进入这一地区的车辆。这些做法都值得我们借鉴。当然，我国的国情与其他各国不尽相同，在制定收费方式与标准时也应该考虑到我们的现实情况。而且，为了收费更合理、有效，还应该听取各方面的意见，进行听证。

对车辆行使收费不是要限制人民买车，是为了使更多的人能买车。只要能用所收取的费用改善道路与交通状况，这种收费就是合理的，为改善交通收费也会得到大多数人的理解与支持。

薄利多销与谷贱伤农

· · · · · · · · · · ·

降低价格以增加利润的做法称为薄利多销。农业丰收，农民收入反而下降的现象称为谷贱伤农。这两句话都是我们所熟悉的。但是，你知道如何用经济学理论来解释这两种现象吗？需求弹性这个概念可以帮助你解开这个谜。

需求弹性又称需求价格弹性，指某种物品价格变动所引起的需求量变动的程度，用需求量变动百分比与价格变动百分比的比值来表示。例如，某种物品价格上升 20%，而需求量减少了 40%，该物品的需求弹性为 2（按公式计算需求弹性应是负数，为了方便起见一般用绝对值）。

各种物品的需求弹性是不一样的，大体可以分为两种。一种是需求富有弹性的物品，即需求量变动的百分比大于价格变动的百分比，或者说需求弹性大于 1。例如，某种化妆品降价 10% 时，需求量增加 20%，需求弹性为 2，就是需求富有弹性的物品。另一种是需求缺乏弹性的物品，即需求量变动的百分比小于价格变动的百分比，或者说需求弹性小于 1。例如，如果食盐降价 10%，需求量仅增加 1%，需求弹性为 0.1，就是需求缺乏弹性的物品。

决定某种物品需求弹性大小的因素很多。一般来说，越是奢侈品、替代产品越多、在家庭支出中所占比例越大的物品，需求弹性越大。反之，越是生活必需品、替代产品越少、在家庭支出中所占比例越少的物品，需求越缺乏弹性。例如。化妆品属于奢侈品且替代品多，需求富有弹性，而食盐属于必需品且几乎无替代品，需求缺乏弹性。此外，一种物品的需求弹性与时间相关，当价格刚变动时一般需求弹性小，随着时间流逝，需求弹性会变大。例如，当石油危机引起石油价格大幅度上升时，需求缺乏弹性，但随着时间推移，需求弹性变大。在现实中我们可以根据公式与实际资料计算各种物品的需求弹性。例如，美国家具的需求弹性为 1.26、汽车为 1.14、食物为 0.58、书报为 0.34，等等。

那么，需求弹性与总收益有什么关系呢？我们知道，总收益是销售量与价格的乘积。我们可以把需求量作为销售量。总收益的变动取决于需求量的变动与价格的变动。某种物品价格变动会引起需求量变动多少则取决于该物品的需求弹性大小，所以，需求弹性与总收益相关。

如果一种物品需求富有弹性则降价会使总收益增加，提价会使总收益减少，我们用化妆品降价的例子来说明这一点。假设某种化妆品需求弹性为 2。当价格为 50 元时，需求量为 1 万瓶，总收益为 50 元 ×1 万瓶 =50 万元。如果该化妆品降价 10%，即由 50 元降至 45 元，由于需求弹性为 2，需求量增加 20%，即增加到 1.2 万瓶，这时总收益为 45 元 ×1.2 万瓶 =54 万元。这就说明需求富有弹性的物品降价引起需求量增加更多，从而降价可以增加总收益。同理也可以推出提价引起需求量减少更多，从而提价会减少总收益。

降价而总收益增加就是我们一般所说的薄利多销。"薄利"是由于降价每单位产品的利润减少了，"多销"是销售量增加了。需求富有弹性的物品降价引起的销售量增加的比率大于降价的比率，所以在合理的降价范围内，总利润增加了。在现实中用"跳楼价"、"出血价"以实现薄利多销的产品均为需求富有弹性的物品。

如果一种物品需求缺乏弹性则降价会使总收益减少，提价使总收益增加。我们用大米降价的例子来说明这一点。假设大米的需求弹性为 0.5。当价格为每公斤 2 元时，需求量为 10 万公斤，总收益为 2 元 ×10 万公斤 =20

万元。如果大米降价10%，即由2元降至1.8元，由于需求弹性为0.5，需求量仅增加5%，即增加至10.5万公斤。这时总收益为1.8元×10.5万公斤=18.9万元。这就说明，需求缺乏弹性的物品降价所引起的需求量增加不多，从而降价会减少总收益。同理也可以推出提价引起需求量的减少也不多，从而提价会减少总收益。

粮食降价而总收益减少就是我们一般所说的谷贱伤农。"谷贱"是粮食丰收引起价格下降，粮食是生活必需品，需求缺乏弹性，这就使总收益减少。"伤农"则是农民收入减少。

需求弹性是经济学中一个使用极广泛的概念。它对解释现实中的许多现象和指导我们作理性决策极为有用。在我们平时决策中也要记住这一点。商家打折出售是为了薄利多销，他们总收益增加也是消费者总支出增加，所以千万不要被打折所诱惑买回一堆无用的东西啊！

农产品保护价的利弊
· · · · · · · · · · ·

许多国家出于保护农业和扩大农产品出口的需要都对农产品实行保护价格或出口价格补贴。在全球一体化的过程中，许多国家都关注农产品自由贸易问题，要求取消农产品的保护价格或出口价格补贴。有的国家担心取消农产品保护价会对国内农业生产不利或有损于农民利益。但更多的人认为，取消农产品保护价会更有利于农业的发展。

支持价格又称最低价格或价格下限，是政府为了支持某一行业而规定的该行业产品的最低价格。这一价格高于市场自发形成的均衡价格。支持价格采取了多种形式。在农业中支持价格曾得到广泛运用。通常有两种做法。一种是缓冲库存法，即政府或代理人按某种平价（或称保护价）收购全部农产品，以平价进行买卖，以使农产品价格由于政府的支持而维持在一定水平上。另一种是稳定基金法，也由政府或其代理人按某种平价收购全部农产品，但并不按平价出售，而是在供大于求时低价出售，供小于求时高价出售。这两种情况下农产品收购价格都稳定在政府确定的水平上。

各国对农产品平价，即支持价格的确定方法也不完全相同。美国是根据平价率来确定支付价格。平价率是农民销售农产品所得收入与购买工业品支持价格（包括利息、税款和工资）之间的比率，即工农业产品的比价关系。法国是建立由官员、农民、中间商和消费者代表组成的农产品市场管理组织。由该组织确定目标价格（农民能得到的最高价格）、干预价格（支持价格）和门槛价格（农产品最低进口价）。当农产品低于干预价格时，政府按这一价格收购全部农产品。当农产品高于目标价格时，政府抛出或进口农产品。法国95%左右的农产品都受到这种价格支持。此外各国还有出口补贴等支持价格形式。

应该说，这种支持价格稳定了农业生产，保证了农民的收入，促进了农业投资，整体上对这些国家的农业发展起过积极作用。但是这种支持价格也引起了一些问题。首先是政府背上了沉重的财政包袱，许多国家用于支持价格的财政支出都有几百亿美元左右。其次是形成农产品长期过剩，这正是欧美之间或欧洲国家之间经常为农产品贸易发生争论的重要原因。最后，受保护的农业竞争力会受到削弱。

正因为欧美国家农产品过剩，都力图保护自己的国内市场而打入别国市场，所以，农产品自由贸易成为世贸组织前身关贸总协定"乌拉圭回合"谈判的中心。乌拉圭回合通过的"农业协议"的总目标是实现农产品自由贸易和平等竞争，其中重要的内容就是减少各国对农产品的价格支持，包括农产品保护价、营销贷款、投入补贴，等等，要求各国支持总量减让幅度为农业生产总值的5%，同时降低对农产品的出口补贴。看来实行保护价格的老方法难以继续下去了。

我国实行的"保护价敞开收购"实际也是一种支持价格的做法。尽管即使加入世贸组织之后，我们还有5年的减缓期，但如果仍用这种支持价格的老方法，恐怕终究难使农业摆脱困境。

支持价格只是治标，而且在支持价格下会掩盖农业中的各种问题。要从根本上改变我国农业的落后状况，改变农民收入低的状况，并使我国农业能进入世界与发达国家农业竞争，关键还在于提高农业本身的竞争能力。靠保护成长起来的东西都是缺乏生命力的。而且，不是把资金用于支持价格，而是用于加强农业本身也是符合乌拉圭回合农业协议中的"绿箱"政策的。绿箱政策是不引起贸易扭曲的政府农业支持措施，包括加强农业基础设施、实现农业结构调整、保护环境等政府支出。

利用绿箱政策支持农业完全符合我们从根本上加强农业竞争力的目标。第一，应加强农业基础设施建设，包括水利、科研、环保等支出。第二，实现农业结构的转变。例如，利用我国劳动力丰富的优势发展园艺农业（蔬菜与花卉）、畜牧业、"蓝色农业"（渔业），逐步减少经济价值低的大田作物（大豆、玉米、小麦）的种植。第三，发展农产品加工地，提高农产品附加值。国外农业也并不是仅仅靠支持价格发展起来的，农业发达国家的政府在加强农业竞争力方面已进行了大量投入。

走出对保护价的迷信，中国农业才有辉煌的未来。

政府需要有进有退
· · · · · · · · ·

在1998年大水灾中，我国人民表现出的"抗洪精神"是可歌可泣的。这场洪水的规模在历史上并不是最大的，带来的灾害却是严重的。这一事实也给了我们极其沉重的教训。从经济学的角度看，灾害如此之大与某些地方政府的失职是相关的。这就使我们不得不思考这样一个问题：市场经济中政府的作用到底是什么？

政府和企业、家庭一样是市场经济的主体。但它们之间有着完全不同的作用。家庭是生产要素的供给者，从提供生产要素中得到收入，并把收入用于消费和投资。企业购买家庭提供的生产要素进行生产，从提供产品和劳务中获得利润，并把利润作为消费和投资。市场交换是家庭与企业之间的交易。这种交易就是市场经济的实体。家庭和企业从自己利益最大化出发进行各种经济活动使社会资源实现最优配置，这就是市场经济的效率。

政府不应该干预企业与家庭的决策，但并不等于政府在市场经济中无用，相反，现代经济学家非常重视政府的经济作用。首先，市场经济的社会是一个法制社会。法律制度要由政府来确立和维护。这就是政府要建立制度性基础设施。其次，由于市场失灵的存在，政府要通过提供公共物品、消除外部性和反垄断来消除由市场失灵引起的资源配置低效率。最后，市场经济的运行必然自发地引起收入分配不公正和经济波动。实现平等和经济稳定就是实行收入再分配政策和运用经济政策调节经济。

市场经济的原则是市场能做的尽量交给市场去做，市场做不到的由政府来做。政府征收税收，并支出于必须由政府进行的活动。这就是政府的经济活动。在不同发展阶段的国家，政府的作用会有所不同。在发展中国家和转型经济国家中，政府的作用会更重要。但政府的作用在哪一个市场经济国家都是有限的。无限扩大政府的作用，把政府作为"全能的上帝"主宰整个经济，必然带来灾难。

大洪水的灾害正在于一些地方政府做了自己不该做的事，而没有做自己该做的事。

政府应该做的是立法和执法。我们已经有保护水利设施和防洪方面的法律，有些地方对这些法律并没有认真实施，以致有些地方防洪与水利设施受到破坏，或在防洪法规定不能搞建筑的地方修建了营业性建筑。这些违法行为对抗洪斗争起了不利影响。更有甚者，本来应该固若金汤的水利工程成了"豆腐渣工程"。这是一种犯罪行为。但有些地方执法不严、有法不依，为这些犯罪分子打开了方便之门。不能严格地执法是政府的失职，也是政府没有做自己该做的事。如果严格执法，洪水的灾害不会这么大。

水利建设是一种有正外部效应的公共物品，属于基础设施，当然应该由政府提供。兴修水利防洪设施，并维护它，是政府义不容辞的义务。这次洪水灾害之所以严重的一个重要原因是水利设施失修。政府没有提供充分的公共物品不仅在水利上，教育经费的不足（甚至拖欠教师工资）也是相当突出。

那么，有些地方政府把纳税人缴纳的应该用于公共物品的钱做什么用了呢？这就是它们做了政府不该做的事。

这些不该做的事中首推对企业的干预。企业是经济活动的主体，应该自己独立决策。现代企业制度的中心是产权明确的独立企业制度。但有些政府在"搞好国有企业"的旗号下干预企业的投资或经营决策，对企业进行各种扰民式评比，用税收去给已无望好转的濒临破产企业输血，诸如此类。我总是怀疑"搞好国有企业"的说法是否正确。据说"搞"这个字是夏衍发明的，高手摆弄低手之意。出政府这个高手能把企业"搞"好吗？我看还是少"搞"为好。政府的任务不是直接从事或干预企业活动，而是为企业自己焕发活力创造一个良好的环境。这又回到了立法与公共物品的提供上。

政府另一个不该做的事就是盲目投资。这些年重复投资、盲目投资的决策失误责任应该在政府。引进彩电、冰箱生产线、各地大上汽车工业、VCD的盲目上马等都是这种失误的例证。在有些地方，政府至今仍在犯这个错误。市场经济中政府不是竞争性行业投资的主体。

有些地方政府的金钱和时间都用在"搞"活国有企业和盲目投资上了。哪能去想立法和水利这类"小事"？

计划经济下政府的作用被扩大了，转型过程中有些地方政府利益驱动力太大。市场经济的成功在于政府作用定位的正确。大水灾又一次提醒我们：政府要做自己该做的事，不做自己不该做的事，要有进有退。

福利国家的困境
· · · · · · · ·

伴随着经济发展而出现的是贫富对立，在工业化过程中一部分人沦落为穷人。这种现象的存在引发了社会冲突，早期的解决方法是教会、慈善机构或政府的济贫行动。"二战"后，英国贝弗里爵士提出实现普遍社会保障与社会福利的主张，被称为"贝弗里计划"。战后各个发达国家实现了这一计划，被称为"从摇篮到坟墓"的福利国家。

发达国家的社会保障与福利计划包括的内容甚广。以较早实现福利国家的瑞典为例，包括：第一，养老金制度，从 1960 年起不仅对全体老年人实行基本养老金，而且还对退休老人实行补充退休金制度。第二，扩大到全民的医疗保险制度，各级政府承担经营医疗服务的责任。第三，建造住房及住房津贴制度。第四，广泛推行了失业保险（或失业救济）制度，对病休职工的现金补贴提高到工资的 90%。第五，通过对部分企业的国有化和补贴提高就业水平。第六，其他福利补贴，如向大学生普遍提供的奖学金和贷款，对贫困家庭的补贴，对有未成年子女家庭的补贴，等等。其他国家的福利计划也与此大同小异。

应该说，社会保障与福利计划的实施的确在很大程度上促进了平等。一个人人平等的社会一直是人类的理想。市场经济早期的贫富对立曾引起无数有良知的人的谴责。只有在"二战"后各国实行了名目繁多且数额巨大的福利计划之后，社会才基本消灭了贫穷，每个人过上了能保障人类基本需求的生活。穷人分享到了经济进步的好处。这种平等的实现是社会进步的结果，也是人类多少年来奋斗的结果。贫困的消除也促进了社会的安定，为经济发展创造了良好的条件。

但这种平等的实现是有代价的，而且这种代价十分巨大。

庞大的社会保障与福利支出是由政府财政支出承担的。在实行福利国家的地方，政府的这项支出特别庞大，而且在不断增加。以瑞典为例，福利支出在 GDP 中的比例到 80 年代已达到 2/3 以上。也许瑞典是一个极端的例子，但对所有福利国家来说，这笔支出都相当可观。北欧国家的福利支出都占 GDP 的一半以上。美国政府 1995 年用于社会保障、收入保障、医疗保健这些社会保障与福利的支出已占联邦政府支出的 55%。而且，由于人口老龄化与医疗费用的提高，这一比例还在加大。巨大的支出是财政赤字的重要原因，已引起各国政府的头痛。

政府的福利支出来自税收。庞大的福利支出必然引起沉重的税收负担。福利国家瑞典也是闻名于世的税收国家，税种之多，税收之重堪称西方国家之冠。仅是中央和政府的所得税在 80 年代就占到一般职工收入的 60% 左右。

巨大的福利支出和沉重的税收降低了社会生产率。这首先在于税收打击了人们劳动的积极性。80 年代，瑞典年收入 20 万克朗者平均税率高达 60% 多，边际税率达 85%，谁还想多劳动呢？高收入者也是高能力者，对他们征收高税，则是他们的资源被严重浪费。另一方面，高福利也滋长了一种偷懒的风气。病假的补贴高达工资的 90%，当然会有许多人"泡病号"。

美国社会学家吉尔德一针见血地指出："失业补贴促进失业人数增加。对有子女家庭的援助计划使更多的家庭有子女需要抚养，使更多的家庭没有父亲。多种形式的残病保障，也会鼓励小毛病变成暂时残废，使部分残废变为全部残废和永久残废。支付社会保障会阻碍人们去照顾老年人，从而使代与代之间的联系消失。"福利国家在很早以前就已超过收益递减和阻碍生产的地步。更何况财政赤字、通货膨胀、公共投资减少都使生产率下降，竞争能力衰落和失业增加。福利天堂的欧洲现在是失业率最高的。

平等化是人类的理想，但实现平等化的过程却引起效率损失。这就是漏桶效应。我们面临平等与效率的重大交替。实现平等以效率损失为代价，但提高效率又要损失平等。按市场原则分配有重要的激励作用，但人的能力与机遇不同会引起不平等。平等与效率恐怕是一道永远解不开的题。

兼顾平等与效率是任何一个社会的目标。效率优先，兼顾平等也不错。但是，"行难于知"，有哪个国家真正实现了这一原则？发达国家在福利国家的路上也许走得太远了，福利有不可逆性，每一步旨在提高效率的福利改革都遇到了强大的阻力。我们的目标是"共同富裕"，但绝不是那种降低效率的大锅饭平均主义或福利国家。

稳定压倒一切

· · · · · · ·

稳定是一个社会正常运行的前提。政治与社会的稳定是以经济稳定为前提的。任何一个经济学家都承认，宏观经济政策的目标是稳定。但对什么是稳定，如何实现稳定，却有不同的看法。

1946 年美国的《就业法案》宣称："促进充分就业和生产……是联邦政府一贯的政策和责任。"这就确定了政府要对宏观经济的稳定负责。但对这种责任是什么却有两种理解。第一种是消极的理解，即政府被动地对宏观经济中危及稳定的变动做出反应，用政策消除这些变动引起的不稳定。要避免政府本身的政策变动成为不稳定的根源。第二种是积极的理解，即政府主动地用政策调节经济，尤其是刺激总需求，实现繁荣的稳定。

不同的理解对宏观经济稳定的目标解释也不尽相同。我们知道，从国内来看，宏观经济稳定应该实现充分就业、物价稳定、平缓经济周期和实现经济增长，在国际上，还应实现汇率稳定和国际收支平衡。对要实现的这些目标并没有什么分歧，但对这些目标的具体内涵和实现途径则是仁者见仁、智者见智了。

充分就业指的是消灭了周期性失业的状态。这就是说，充分就业并不是人人都有工作（事实上在一个动态的社会中也做不到这一点），只要消灭了由于总需求不足引起的周期性失业，失业率为自然失业率，也就实现了充分就业。对这种理解并没有分歧。争论在于自然失业率到底有多高。如果把自然失业率估算得低，政府就要用强有力的政策刺激总需求；如果把自然失业率估算得高，则实现起来就容易了。

物价稳定也有不同的理解。一种是低而稳定的通货膨胀率，即实现了温和的通货膨胀也就是实现了物价稳定。另一种是零通货膨胀率才是物价稳定。这两个目标不同，所用的政策也不会完全相同。

经济中存在周期性波动是正常的，问题在于这种波动幅度有多大是正常的。经济波动的情况可以用实际 GDP 来表示。这就是使实际 GDP 的波动在某个一定范围之内，各个经济学家对这个波动范围多大属于正常看法不一致。

对经济增长的理解也不一样。一种看法是强调高增长率，增长就是一切，甚至把增长率作为衡量经济状况的唯一指标。另一种看法是适度增长，即考虑到资源与技术进步的均衡增长。

实现稳定的这四个具体指标在一定时期内也是有矛盾的。充分就业和经济增长与物价稳定之间就有矛盾。从现实来看，实现充分就业与高增长的时期往往伴随有通货膨胀，也许这两者之间会有时延，但总存在因果关系。追求一时的增长也会引发长期中的不稳定和波动。如何使这些目标得到协调，有利于长期稳定，是每一个政府都追求的，但重点并不相同。

政策目标与手段是由政府确定的。政府在决定政策目标时考虑的因素很多。政府要得到公众的欢迎，往往不是从整体经济的长期发展，而是从某一时期的公众某种短视来做出决策。例如，50 年代中苏联与欧洲的增长率都高于美国，1957 年苏联又发射了世界上第一颗人造地球卫星。这些事情刺激了美国，这正是 60 年代肯尼迪政府把充分就业和高增长作为政策目标的原因。但这种用扩张性政策刺激经济的结果是 60 年代末的高通胀和 70 年代的滞胀。高增长从长期来看，绝非稳定的良策。

政府在作决策时还会受政治的影响。例如，根据调查公众对失业的关注大于通胀（在不受欢迎指数中失业率的加权数是通胀率的6倍）。这样，在大选前夕，现任政府为了连选连任，即使在经济上升时期也要刺激经济。在当选之后再实行紧缩，实现物价稳定。这就是通常所说的政治性经济周期。这样调节的结果是加剧了经济的不稳定性。

在"二战"后美国的经济史上，政府的政策总体上促进了经济的发展，但也曾引起过经济的不稳定。为了实现稳定，经济学家主张，首先要减少政府对经济的直接干预。这就是说，经济政策的目标应该中性化，即以稳定为中心，不追求高充分就业或增长。换言之，对政府的经济职责更多地强调被动的意义，而不是积极干预的意义。近年来，不仅主张自由放任的新古典经济学影响日益增加，而且就连主张国家干预的新凯恩斯主义也认识到过分干预会使政府成为不稳定的根源。政策中性化是一个趋势。

当然，在现代市场经济中，政府不可能不调节经济。为了把握稳定的大目标，减少政府出于其他动机的失误，决策机制就要民主化与科学化，即各种决策机构之间有一种相关制衡以及专家参与决策。例如，保持中央银行的独立性，货币政策由中央银行决策，这就可以制约其他政策的失误。财政政策由政府和议会共同决策（美国的财政政策由总统代表政府提出，经议会讨论通过，再由总统签署，方可实施），这就减少了失误，最少可以减少重大失误。在这个决策过程中专家起着重要的作用，这有利于决策的科学化。美国的总统经济顾问委员会、议会预算办公室和美联储中都有一批专家在决策中起着重要作用。

我国在走向市场化，如何实现宏观经济的稳定也是一个重大问题。我想，西方国家在这个问题上的经验与教训都是值得我们重视的。

经济学中的机会主义

作家张平的《抉择》是一部以国有企业改革为题材的好小说。小说反映了当前国有企业存在的一个重要问题——领导班子的腐败。小说中所写的国有企业中纺公司正由于领导班子腐败而濒临破产。腐败的一种重要形式是公款消费，即以工作为名出国旅游或大吃大喝。这种现象不仅在中国的国有企业大量存在，而且在国外公司中也屡见不鲜。经济学家把这种现象称为"工作中的消费"，并用机会主义理论来解释这种现象。

经济学家所说的机会主义和我们一般所知道的伯恩斯坦、考茨基政治上的机会主义完全不同。它是指代理人利用机会以侵犯委托人利益为代价来为自己谋利。"工作中的消费"是这种机会主义的一种形式。

经济学家认为，机会主义产生于委托—代理关系。现代企业的实质是一系列以不完全契约为形式的委托—代理关系的总和。委托人是把自己的权力交给其他人的人，代理人是接受这种权力代表委托人从事某项活动的人。现代企业中人与人的关系实际是一种委托—代理关系。例如，企业所有者（由董事会代表的股东）并不自己经营，他们把自己经营管理企业的权力交给其他人，他们就是委托人。管理者（总经理）接受董事会委托从事企业经营管理，他们就是代理人。所以，企业中所有者与管理者的关系是一种委托—代理关系。

企业中的这种委托—代理关系是用契约的形式固定下来的。契约规定了双方的权力、义务与利益。从理论上说，双方按契约行事，委托人按代理人的意愿行事，为委托人的利益最大化服务是天经地义的。

但是，由于信息的不对称性，即委托人无法了解代理人的一切，代理人有委托人无法得到的私人信息，所以，委托人与代理人之间的契约只能是一种不完全契约。这就是说，契约不可能对双方的权利和义务作全面而详细的规定，必然留下可以利用的漏洞。这样，代理人就可以在不违背契约规定的情况下，以侵害委托人的利益为代价来实现利己的目的。这就产生了机会主义。例如，某总经理的个人爱好是旅游，但董事会请他任总经理并与他签约时并不了解这一点。契约中也无法具体规定什么情况下总经理才能出差。这样，总经理就可以以工作需要为借口频频出差，以谈判为名到处旅游。其费用打入成本，总经理享受旅游之乐，董事会和股东们承受利润减少之苦。总经理旅游这种工作中的消费都是不违背契约的机会主义。《抉择》中中纺的领导正是以开拓市场为由出国旅游，而且玩了还振振有词，正是一种难以确定是否违规的工作中消费。

解决机会主义的方法之一是建立一种监督机制，即委托人能对代理人实施有效监督。但监督难以完全，而且有代价。例如，为了监督总经理出差是否合理，要派人跟踪。这样做不仅要有实际成本（跟踪的支出），而且还会引起总经理反感的心理成本。因此，最好的方法是建立一套合理的激励机制，让总经理自己约束自己的行为。激励机制的核心则是把总经理的利益直接与所有者的利益联系起来，例如，年薪制、分红制、股票期权等。

在中纺公司这样的国有企业中，国家作为所有者的代表是委托人，企业领导是代理人。但公有制下所有者缺位，即没有明确而具体的所有者委托人，所以对代理人既缺乏有力的监督，又缺乏合理的激励。这样，产生像《抉择》中中纺公司领导班子那样公费消费的机会主义就很正常了。

解决机会主义问题的方法在于建立一套合理的制度，而不是寄希望于代理人有高尚的献身精神。《抉择》的作者把问题的解决寄希望于李高成这样既有权又高尚的领导人身上，也就是希望通过人治来解决问题。这只是文学家的理想主义。作家这样浪漫一下，给我们一个大团圆式的结局是可以的。但现实中千万别希望出现李高成这样"高大全"式的英雄来使国有企业走出困境。

有人认为使国企走出困境的良策是选一个有献身精神的领导班子。其实关键不在人的觉悟，而在于制度。一种好的制度可以使坏人无法做坏事，而一种坏的制度能使好人也做坏事。没有一套以产权明确为基础的监督与激励制度，李高成又有什么用呢？

激励比惩罚更有效
· · · · · · · · · ·

我们常常看到公园里都写着"凡偷盗花木者罚款若干"。但在纽约市的一个植物园里却写着"凡举报偷盗花木者，奖励若干"。结果在前一类公园中，花木被窃的事时有发生，而在纽约这家植物园，花木保护得很好。

爱美之心人皆有之，顺手牵羊地偷几束公园的花就难以避免。挂上"爱护花木，人人有责"或者"请君自重，勿折花木"之类的警示牌几乎没什么用——面对顽固的人性，道德说教是软弱无力的。必须有一种保护花木的机制。"罚款若干"是惩罚机制，举报者奖励若干是激励机制。从这个例子中可以看出，激励比惩罚有效。

其实这样的例子过去和现在都不少见。在20世纪初，工人怠工是一个令工厂主防不胜防、极为头痛的问题。雇了拿摩温（工头）监督工人，发现怠工即开除，惩罚够重的了，但作用并不大。总不能每个工人一个雇拿摩温，即使这些拿摩温再敬业，也监督不过来。后来福特汽车公司采用了远远高于市场工资的效率工资，怠工奇迹般地消失了。

效率工资的激励作用在于改变了怠工的成本与收益。怠工的成本是被发现后开除的风险，收益是少支出劳动的享受。当企业支付市场工资（低于效率工资，且各企业相同）时，被一个企业开除可以在其他企业找到相同工资的工作，何况被发现怠工的可能性并不大，因此，怠工的成本低，怠工就司空见惯了。但当企业支付效率工资时，被开除后难以找到这样高工资的工作，怠工的成本就加大了。怠工成为成本大于收益的非理性行为，怠工自然消除了。公园的情况与此类似——尽管偷盗花木被惩罚，但被管理者发现的风险并不大，毕竟不是满公园都站着管理者。当对举报者进行奖励时，公园的游人受此激励都成了管理者，偷盗花木被发现的可能性太大了，成了一件风险极大的事，居心不良者自然不敢有所作为了。在这种情况下，对公众监督的激励自然比对偷盗花木者的惩罚要有效得多。

激励与惩罚要达到的目的是相同的，比如上面说到的保护花木或消除怠工，或者说它们的收益是相同的；但这两种机制发生作用的方式不同，成本也不同。采用激励机制时，其作用是自发的，行为者按激励所要达到的目的去行事，简单而见效。给举报者奖励，就自发地把千百万游人变成了不领工资的管理者，实行效率工资，就无须拿摩温。采用惩罚机制时，其作用是消极的，还需要更多支出，例如，雇用专职监督人员及必要的设施等。这又引出了两个问题。一是监督者也是人，他们也有个人利益，可能收取被监督者的贿赂，实现鼠猫联盟，共同作案。这类事情现实中也不少见。即使用机器监督，操纵者还是人。二是只要收益大于成本，被监督者就会用各种方式来逃避监督，被监督者的智慧往往令监督者防不胜防。历史上工人怠工的妙法完全可以编一套多卷本的"怠工大全"。偷盗花木的方式也令人匪夷所思。

激励优于惩罚的道理并不复杂，但实施起来并不那么容易。直至现在，一些民营企业（尤其是中小企业）的老板仍然改变不了对惩罚的崇拜。愿意雇监工，对工人规定各种惩罚条款，但却舍不得给工人增加工资。这样的老板可以称为"当代周扒皮"，永远只能是苦苦经营的小老板。

当然，这些小老板的作为只要不违法，我们也无可奈何，一些由农民发家而成的小老板，其周扒皮情结也是溶入血液里了。但就整个社会的制度而言，激励优于惩罚却是重要的。当前社会关注的热点之一是干部和国企领导人的腐败问题。每年都要抓捕甚至枪毙一批腐败干部，惩罚是相当严重的。但为什么腐败有加剧的趋势——由个人腐败变为集体腐败，金额由几十万变为若干亿呢？其实惩罚对制止腐败的作用往往是暂时的、有限的。明朝的开国皇帝朱元璋打击腐败的力度恐怕是中外历史上最大的。贪官被满门抄斩，甚至剥皮，威慑力不可谓不大。但明代也是中国历史上官员最腐败的时代之一。

换个思路应该是激励。这种激励应该包括两个内容。一是高薪养廉。我并不是说，高薪者必定廉——毕竟人的贪婪是无限的。但高薪是廉的必要条件（不是充分条件）。当官员的合法收入不足以使他过上与自己身份相称的生活时，贪污的诱惑就要大得多。明清两代官员收入极低，这是当时官场腐败的原因之一。二是奖励举报者。像纽约那个植物园那样，让官员置于社会和人民的监督之下。美国经济学家、诺贝尔奖获得者阿瑟·刘易斯总结20世纪以后官场风气改变时就把新闻监督作为重要原因之一。20世纪30年代美国新闻界以揭发政治家腐败为中心的"扒粪运动"有力推动了廉政之风。新闻界的"扒粪运动"使它们吸引了消费者，有了广告。让媒体通过"扒粪"来吸引读者做就是激励——相当于对举报者奖励若干。

动听的道德说教和严厉的惩罚都不如激励机制。按着这个思路去设计制度，世界就会更美好。

激起致富之心

以提出休克疗法著称的美国经济学家杰夫瑞·萨克斯也是一位发展经济学家。不过,他对他的同行们并不客气。他讲过一个讽刺发展经济学家的故事。故事说的是,农民请教祭司如何才能救活他那些奄奄一息的鸡,祭司建议他祈祷,可鸡还在死去。祭司又建议他向鸡舍放音乐,死亡并没有减少,祭司默默地想了一会儿后,建议给鸡舍刷上明亮的油漆,最后所有的鸡都死了。祭司说:"非常遗憾,我还有好多好主意呢。"

这个故事中的祭司就是发展经济学家以及世界银行和国际货币基金那些指导贫穷国家发展经济的专家。萨克斯说:"好主意很多,但成果很少。"萨克斯的批评得到广泛共识。美国经济学家威廉·伊斯特利的《在增长的迷雾中求索》正是从这种批评开始的。伊斯特利把发展经济学家的各种主意称为"失灵的仙丹"。

贫困国家的经济发展问题是全世界经济学家关注的话题。受到计划经济的影响,发展经济学家推崇由政府推动的发展战略,包括工业化、大推进,等等,但几乎无一成功者。之后,受全球经济自由化的影响,又回到古典传统,把市场化与开放化作为基调。应该说,基础是正确的。韩国、新加坡,以及亚洲和南美洲一些国家与地区,也取得了成功,但仍有许多国家处于贫困之中，这是为什么呢？伊斯特利历数了种种经济发展的药方，包括给予外国投资援助、技术进步、增加教育、计划生育、给予贷款、取消外债，等等。这些因素对经济发展当然是重要的，但为什么没有使发展中国家摆脱贫困呢？看来这些都是表面的东西，它们要起作用，还需要更深层次的因素。伊斯特利把这些看似重要，实际上没起到作用的因素称为"失灵的仙丹"。他则要探讨使这些仙丹起作用的更关键问题。

其实许多事情往往是越复杂化越没用，越简单越能一针见血。发展经济学中有许多复杂的模型，用数学公式和图形表述资本、技术、教育、人口等因素。这使经济发展问题迷雾重重。说起来学问大得很，出了一批又一批博士、专家，实际上并没有解决发展中国家的脱贫致富问题。伊斯特利的高明之处正在于抛弃了这种把问题复杂化的做法，回到最简单的常识——激励问题。

激励是经济学中最简单而又最重要的基本原理，几乎也是一个常识。经济学家常爱说的话是"人会对激励作反应"。经济行为是一个激励—反应的过程。抽象地说，每一个人和每一个国家都想富有。但富有不是靠愿望，而是靠行动。让人们为致富而采取行动——勤奋地工作和创新，则需要有效的激励。这种激励包括激起人们的致富之心，以及保护人们奋斗的成果。著名的发展经济学家西奥多·舒尔茨的一句名言就是：给农民以激励，他们就能点石成金。应该说，伊斯特利把增长归结为最简单的激励，是回到了常识，也是抓住了中心。只有有了激励，资本、技术、教育、外援等才能起到作用，真正成为促进增长的力量。

谁都知道技术在增长中的重要性，伊斯特利用德什公司（孟加拉国）与韩国大宇合作互利的例子说明了知识外溢、知识投资、知识互补等的作用。但做到这一点的正是"技术和其他促进工人效率的因素对激励作反应"。同样，技术进步也是只有"当人们采用新技术的激励、愿意在应用新技术的同时牺牲当前消费以换取未来的更大回报时，经济增长才会发生，这会导致生产潜力和人均收入的稳定增长"。

如何才能有有效的激励呢？伊斯特利的回答同样一针见血："关键是要有一个好的政府。"这就在于"政府有可能成为经济杀手"。坏政府和坏运气一样是经济增长的杀手。坏政府是腐败的政府，它所引起的高通货膨胀、高黑市溢价、负实际利率、高预算赤字、限制自由贸易，以及恶劣的公共服务，都对经济增长产生了不良激励。这种政府会为既得利益集团创造腐败的机会，加剧利益主体之间的冲突，从而产生阻碍经济增长的负激励。

　　伊斯特利遵循的仍然是制度分析的方法，即把增长归因于制度变革的路径依赖，激励是由制度决定的，激励机制本身就是促进经济增长的制度，决定这种制度的是政治制度。看看当今世界上那些最穷的国家，你就知道，这个常识的重要性了。

企业的扶贫之路

按照传统观念，贫困群体是经济发展的受害者，扶贫就是由政府或有社会责任感的企业伸出援助之手，做善事。但这种扶贫并没有使贫困群体从根本上脱贫，这被称为"输血式扶贫"。能不能把扶贫与社会财富的创造结合起来，使扶贫不仅是企业的社会责任，而且也是企业新的商机呢？印度籍美国管理学家 C.K. 普拉哈拉德（C.K. Prahalad）对这一问题作了肯定的回答，提出一条实现双赢的企业扶贫之路。这正是他的著作《金字塔底层的财富》的中心。

在任何社会中，贫困者的人数都是庞大的，被称为"金字塔底层"（the Bottom the Pyramid，简称 BOP）。要使这个庞大的群体成为财富的来源和值得企业开发的商机，就必须转变观念，这就是不再把贫困群体作为受害者、社会负担或同情的对象，而是"开始将他们视为敏锐的、有创造力的企业家和有价值意识的消费者"，这就可以"开启崭新的机会之门"。

作者的这些话是对外国企业家讲的，但完全适用于中国企业家。在经济发展过程中，中国也出现了相当大的收入差距，处于金字塔底层的贫困群体并不比世界水平低。仅仅农村贫困群体在人口中就占了 70% 以上。谁都知道农村市场对经济发展的意义，但绝大多数企业还是把目光投向城市市场，尤其是中高收入市场。在国际上，它们也把目光投向发达国家市场，而忽视了人数要多得多的发展中国家市场。在他们的潜意识中，低收入国家与人群没有市场机会。针对企业的这种错误观念，作者指出，按购买力平价计算，发展中国家的 GDP 总计近 14 万亿美元，超过日本、德国、法国、美国和意大利之和。收入决定购买力，有收入就有市场，从这种意义上说，忽略这个市场无疑是一个重大的战略失误。

企业家的观念决定企业战略和经营方式。转变观念绝不仅仅是思想认识问题，而且要从根本上改变企业战略与经营方式。只有实现了这种转变，贫困群体的潜在市场才能变为现实的市场，这个市场的商机才能变为滚滚而来的利润，企业利润最大化的行为才能同时成为最有效的扶贫方式。

当企业以城市中高收入群体为目标客户时，产品的开发、包装、销售模式，都是以这个群体为中心的。要认识到，BOP 市场与这种传统市场有重大差异。不改变原有经营方式，在 BOP 市场上不可能成功。例如，以中高收入群体为目标客户时，可以靠产品特色，收取高价格，实现利润率的最大化。但贫困群体关心的还是实惠，难以接受高价格，而这个群体人数又多，因此，必须变高价格为低价格，扩大销售量，以利润量为目标。这种经营目标的变化必然引起产品开发、包装、销售模式的改变，甚至是根本的改变。就包装而言，较为豪华的大包装更能吸引城市中高收入消费者，也节约了这些人的时间，但以 BOP 市场为目标客户时，包装就要简朴，而且采用小包装。当然，这种具体经营模式的确定，并没有可以照搬的模式，但却有某种共同的规律。在"金字塔底层的创新实践"中，作者用六个开发 BOP 市场成功的案例，给我们提供了许多有益的启示。

作为管理学家，作者根据自己的研究告诉企业家，配送方案并不是进入BOP 市场的主要障碍；BOP 市场同样有品牌意识；BOP 市场是相互联结的；BOP消费者也乐意接受先进技术。作者还总结出了 BOP 市场的 12 条原则，以及如何把这些创新原则变为现实。

242

开发 BOP 市场同时也是创造财富的过程。这种财富创造有两种含义。一是企业开发这个市场寻找到了新的商机，企业生产发展、利润增加，这就是整个社会财富的增加。另一个也许更加重要，那就是使贫困群体的能力提高，有脱贫致富的机会，贫困群体财富的增加当然也是社会财富的增加。在这种意义上可以说，开发 BOP 市场就是企业为扶贫作了重大贡献——这种贡献要远远大于出于同情心和社会责任感的慈善捐赠。贫困群体脱贫首先来自动力。当消极地接受无偿捐助时，人会越来越懒，依赖心增强。当他们看到更好的消费方式时，就会激发自己勤劳致富的动力。而且，在开发 BOP 市场时，产品的生产与销售主要还是靠这些地区的人。这就提供了脱贫的工作机会。在这个过程中，贫困群体的意识改变了，能力提高了，自己就有了脱贫致富的能力。输血式脱贫变成培养造血功能的脱贫。在这种意义上说，企业开发 BOP 市场是双赢的，是企业的扶贫之路，也是企业社会责任的真正实现。

扶贫绝不仅仅是企业的责任，也是政府和非政府组织（NGO）的责任。同样，开发 BOP 市场也不仅仅是企业的事，还要有政府、非政府组织和其他机构的参与。从政府来看，应该为企业进入 BOP 市场创造良好的环境，尤其是提高交易治理能力。政府为企业服务就是为扶贫作了贡献。

失业保障事与愿违

一些制度在制定时动机是好的，但在实践过程中却事与愿违，好心做了坏事。失业保障就是这样一种制度。

美国的失业保障向失业工人提供为期 26 周、数量为失业前工资 50% 的失业津贴。这种制度无疑是保护失业工人利益的。但结果如何呢？经济学家在伊利诺伊州进行过一项试验。他们从领取失业津贴的人中随机选择了一些人，告诉他们，如果能在 11 周内找到工作可获得 500 美元奖励。并把这个群体与其他人相对比，结果这个群体的平均失业时间比其他人缩短了7%。而且其他研究发现，失业者在失去领取津贴的资格时找到新工作的比率显然要高。失业保障延长了失业时间，岂不是让失业工人经历更多苦难吗？

失业保障引起意料不到的结果是由于经济学中的一个基本原理：人们会对激励作合理反应。每一种制度都是一种激励。如果在设计一种制度时没有想到可能会有的各种激励，就会出现意料不到的结果。失业保障是为了工人在失业后仍有一个生活保障，其用意在于实现公平。但没想到的是，当失业工人生活有了保障时，就心安理得地享受闲暇，不去积极找工作，或者只要是自己认为不合意的工作就不干。这样，失业者的失业持续时间长了，失业率提高了，于己于国都不利。可是在这种制度下，失业工人不积极找工作是对这种激励的一种合理反应。

其实加剧失业的制度还不止这一项，最低工资法也是如此。在劳动市场上，工资应该是由劳动的供求决定，在市场均衡工资下，劳动供求相等，没有失业。当政府规定的最低工资高于市场均衡工资时，劳动的需求减少而供给增加。政府可以规定最低工资，但不能强迫企业雇用工人。工资太高，企业雇不起人，只好用机器代替工人，或减少生产。工资高，劳动供给增加，尤其是不少高中学生辍学进入劳动力队伍。这样，失业者自然增加，失业率上升。青少年中失业率高往往与最低工资法相关。

经济学家认为，最低工资法主要保护不熟练工人。如果没有最低工资法，不熟练工人会由于工资太低而退出劳动力市场，或者回去上学，或者接受政府的培训计划。这样，这些不熟练工人的技能提高，不仅就业机会更多，工资也会更高。但最低工资法使他们永远处于技术上的低水平、生活仅能温饱的状态。整个经济的失业率也无法下降。

工会是许多国家的重要制度。工会的目的是提高工资、改善工作条件，以保护工人。但工会的一些做法无疑是暂时保护了部分工会会员的利益而损害了其他人的利益，并提高了整体的失业率。

工会作为劳动市场上供给一方的垄断者（卖方垄断）可以通过工资谈判，甚至以罢工为威胁而提高工会会员的工资。但工资的提高必然会增加劳动供给，减少劳动需求，从而引起失业。有两个实例说明了这一点。一是美国汽车工人联合会与福特公司达成协议，同意降低工资而不减少工作岗位。这说明工会也认识到了要求高工会会引起失业。就业与高工资不可兼得，工会不得不选择了低工资、高就业。二是欧洲和加拿大的工会力量比美国强大得多。欧洲和加拿大均有 75% 的工人参加了工会，而美国参加工会的工人现在只有 16% 左右。而欧洲和加拿大的失业率一直高于美国。当美国的失业率在 4%～5% 左右时，欧洲和加拿大的失业率往往均在 10% 左右。

而且，工会会员得到的高工资是以其他人的失业和低工资为代价的。有工会的企业实行高工资而减少了工人，这些工人进入其他没有工会的企业，这些企业劳动供给增加，工资下降或失业增加。如果把工会会员作为局内人，把非会员作为局外人，局内人是以局外人的损失为代价获益的。

在劳动市场上还有其他制度因素影响就业。这些制度使工资具有能升不能降的刚性，或者工资调整速度慢于劳动供求变动速度的黏性。这类制度主要是：第一，效率工资制度。当劳动市场上雇主与雇员之间信息不对称时，雇主为了得到最好的工人，并向工人提供有效的激励而实行了高于市场均衡工资的效率工资。在效率工资时，企业的劳动需求减少（由于工人效率提高），从而引起失业。第二，工资合约制度。雇主与雇员之间存在正式或隐含的工资合约。这种合约在一定时期内把工资固定下来，使工资不随劳动供求变动。雇员和雇主出于稳定收入和成本的愿意，都接受这种工资合约制度。而这种制度引起工资黏性。

经济中的失业是由各种原因引起的。短期中总需求不足会引起周期性失业，正常的劳动力流动会引起摩擦性失业，制度因素会引起结构性失业。后两种属于自然失业。这些失业都与制度有这种或那种关系。如果不是制度的作用，各种失业的持续时间都会减少，失业人数也会减少，失业率会下降。欧洲和加拿大失业率高于美国正在于制度原因。

高等教育不是扶贫工程

· · · · · · · · · · · ·

每当高考时节，就会出现高校招生改革的争论热潮。

越来越多的人对现行的"一考定终身"和按地区确定招生人数原则越来越不满意。这种招生制度既无效率，又不公平。"一张考卷"不足以判断一个人的能力，"地区歧视"又使许多优秀青年无法进入理想的大学。改革高校招生制度的呼声越来越高。看来改革是势在必行了。

在当前的争论中，更多的人关注高校招生的公平问题。如何让偏远地区和弱势群体子女进入高校成为改革的主导思想。所以，当中国政法大学提出按地区人数决定招收名额时，得到了媒体几乎一致的称赞。自高校扩招之后，大学教育从精英化进入平民化，人们关注公平是正常的。但与任何一件事情一样，高校招生无论如何平民化，都存在效率与公平问题。改革也应该同时达到这两个目的。

高校的效率应该是用既定的资源培养出更优秀的人才。应该注意，我对效率的解释不包括"更多"两个字，因为我反对高校扩招。我认为高校扩招引起高校教育质量下降，出现了经济学上所说的边际收益递减。我强调的是质量而不是数量。人类的能力呈正态分布，能成为优秀人才者永远是少数。一个社会，无论多么平等，也不可能人人都成为精英。高校的效率就在于培养精英——如果高校真的是培养"普通劳动者"，我们还要大学做什么呢？

这样说，是不是大学又要回到精英教育呢？随着社会经济的发展，大学教育越来越普及，任何一个没有能力成为精英的人同样有接受高等教育的权利。这是一种不可抗拒的历史趋势。只要按照现实条件发展，高校扩招并非坏事。但是，无论大学教育多普及，它承担的任务之一就是培养精英。一个社会不可能没有精英，精英的质量决定了社会的进步。当然，在培养精英之外，提高更多人的知识文化水平也是高校的重要任务。

在许多国家，适应高等教育的这两个目的，高校就有不同层次。一般来说，名牌大学更注重精英教育，普通院校更注重平民教育。当然，这也不是绝对的。名牌大学培养出的普通人不少，普通大学毕业生，甚至未上过大学的，成为精英者也有。用平民化来抹杀精英教育是错误的。高校教育的效率就在于既要培养精英，又要使其他人所接受的教育质量更高。

保证高等教育的效率，培养出更优秀的人才不仅取决于学校的物质条件、历史传统和师资，等等，而且取决于如何选择进入大学的学生。只有在大学招生中实现了公平才有大学的效率，现行的大学招生制度实际上是缺乏公平的。大学的招生人数有限，想上大学，尤其是想上名牌大学的人很多。公平就是让所有的人竞争上不同的大学。具体来说就是成绩面前人人平等，按成绩进行录取。现行的按地区确定招生人数的确是不公平。这种做法被称为"地区歧视"，歧视当然是不平等。近年来，"高考移民"愈演愈烈，正是利用了这种不平等的规定。制度有漏洞，人们钻空子，错不在钻空子的人，而在于制度本身。

那么，按所在地区人数确定招生人数是否就保证公平了呢？这种做法其实是另一种形式的地区歧视。由于历史文化传统、基础教育等原因，人口数量与人才数量并不是同比例的。按地区人数确定招生人数，那些人口基数小但人才较为集中的地区的考生就遇到了另一种"地区歧视"——谁让他们那个地区的人不多生孩子？其实这个原则在现实中也很难实现。据报道，尽管提出这个做法的中国政法大学扩大了在一些人口大省的招生名额，但北京的招生人数仍多于人口大省河南。中国历史上的科举制度被认为是公平的，从来没有实行过按省分配进士名额。招生中的不公平在于不同地区同样的成绩上不了同样的大学。公平还是要做到不同地区的考生，成绩面前人人平等。

成绩面前人人平等是正确的，但现在的问题还在于这种"一张卷子定终身"的考试无法准确地反映出考生的能力。而且，这种考试方法引导中学教育走向应试教育的邪路。其实中国历史上的科举制度，最受批评的也是这一点。我们的高考制度失去了科举制度公平的优点，留下了应试教育的缺点，不能不说是一种现代悲剧。

实现高等教育中的效率与公平——既能招到能力强的考生，又保证能力相同的考生上相同的学校——在于改革考试的内容。考试是判断一个人能力或潜在能力的方式。要能达到这个目的，考什么，如何考，都十分重要。世界上像我们这样"一张卷子定终身"的国家并不多。我们可以学习人家的好经验。上海交大、复旦大学用口试的方法自主招生也是一种有益的尝试。考试内容的改变会对中学教育产生重要影响。高考是指挥棒，不改变这根"指挥棒"的方向，害人的应试教育还会"万寿无疆"。

仅仅关注高校招生中的公平往往既无公平又无效率。高等教育不是"扶贫工程"，是培养精英和其他人才的。

图书在版编目（CIP）数据

每天一堂生活经济课/梁小民著.—北京：北京联合出版公司，
2014.3（2019.3重印）
　ISBN 978-7-5502-2605-0

Ⅰ．①每… Ⅱ．①梁… Ⅲ. ①经济学－通俗读物 Ⅳ. ①F0-49

中国版本图书馆CIP数据核字(2014)第016980号

每天一堂生活经济课

出版统筹：新华先锋
责任编辑：徐秀琴
封面设计：王　鑫
版式设计：李　萌
特约编辑：宋亚荟

北京联合出版公司出版
（北京市西城区德外大街83号楼9层　100088）
三河市祥达印刷包装有限公司印刷　新华书店经销
字数219千字　787毫米×1092毫米　1/16　16印张
2019年3月第2版　2019年3月第2次印刷
ISBN 978-7-5502-2605-0
定价：59.00元
